2022年度天津市教育科学规划重点课题《高质量发展背景下高等教育财政支出与人才吸引力研究》（编号：BIE220017）

U0455979

高质量发展背景下
高等教育财政支出与人才吸引力研究

GAOZHILIANG FAZHAN BEIJINGXIA

GAODENG JIAOYU CAIZHENG ZHICHU YU RENCAI XIYINLI YANJIU

刘春华 著

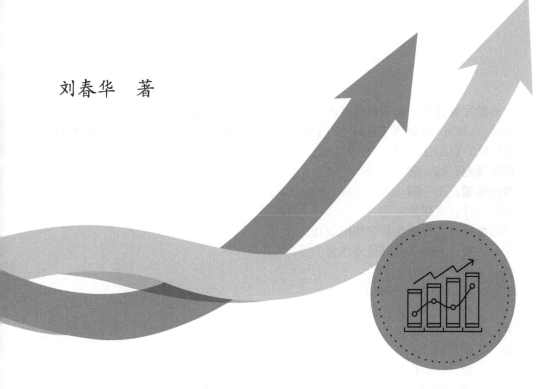

天津社会科学院 出版社

图书在版编目（CIP）数据

高质量发展背景下高等教育财政支出与人才吸引力研究 / 刘春华著. -- 天津：天津社会科学院出版社，2024. 12. -- ISBN 978-7-5563-1074-6

Ⅰ. G647.5；G649.2

中国国家版本馆 CIP 数据核字第 20247E45Q0 号

高质量发展背景下高等教育财政支出与人才吸引力研究

GAOZHILIANG FAZHAN BEIJINGXIA GAODENG JIAOYU CAIZHENG ZHICHU YU RENCAI XIYINLI YANJIU

选题策划：韩　鹏
责任编辑：王　丽
装帧设计：高馨月
出版发行：天津社会科学院出版社
地　　址：天津市南开区迎水道 7 号
邮　　编：300191
电　　话：（022）23360165
印　　刷：北京建宏印刷有限公司
开　　本：710×1000　　1/16
印　　张：13
字　　数：198 千字
版　　次：2024 年 12 月第 1 版　　2024 年 12 月第 1 次印刷
定　　价：78.00 元

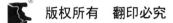

前　言

　　当前,我国正处于以高质量发展实现中国式现代化的关键时期,社会经济发展正处于滚石上山、爬坡过坎的关键阶段,开辟新赛道、打造新引擎、注入新动能、塑造新优势是必由之路。事实上,随着数字技术的拓展应用以及高新技术产业、新兴技术的发展,社会各界对于人才的需求与日俱增,而高校作为科技第一生产力、人才第一资源和创新第一动力的重要聚集地,只有牢牢抓住人才发展这根主线,有效发挥人才作为创新第一资源、发展第一要素的效能,才能牢牢抓住新一轮科技和产业革命带来的机遇,面对百年未有之大变局,这是国家富强、民族昌盛的核心。而明晰高等教育财政支出与人才吸引力之间的关系,引导、激励人才“冲在第一线、战在最前沿”,已成为社会各界关注的重点和焦点,更是持续推动社会经济“新质”与“高质”双向奔赴,实现中国式现代化强国建设目标的重大战略问题。

　　自1993年中共中央、国务院在《中国教育改革和发展纲要》提出“到本世纪末,国家财政性教育经费支出占国民生产总值的比重应达到4%”,到党的十六大报告指出“教育是发展科学技术和培养人才的基础,在现代化建设中具有先导性、全局性作用,必须摆在优先发展的战略地位”;从十六届六中全会《中共中央关于构建社会主义和谐社会若干重大问题的决定》再次强调“坚持教育优先发展,促进教育公平”,到2012年中国教育经费占GDP比例首次超4%(4.28%);从党的十九大报告提出“优先发展教育事业”,到党的二十大“坚持教育优先发展、科技自立自强、人才引领驱动",再到二十届三中全会将教育放在优先位置已成为全社会的共识和共同为之奋斗的动力。如何培育人、如何提高吸引力,如何形成人才资源良性竞争,是推动我国人才强国战略实施,实现创新发展良性循环的新动能。理论与现实都需要我们精准把握高等教育财政支出与人才吸引力之间的关系,这是推动我们实现教育强国、人才强国建设的关键一环。

正是基于这样的一种思考,本书以财政分权、人力资本、区域经济、博弈论等理论为基础,以"高质量发展""人才""人才吸引力"等核心概念为切入点,通过对我国人才政策演变历程的梳理,构建"政策工具政策目标政策力度"三维分析框架对人才政策进行探析;通过对高等教育财政支出与人才吸引力的现状分析入手,挖掘影响人才吸引力的要素;通过 DEA 模型与实证分析探究高等教育财政支出效率以及与人才吸引力之间的关系;通过运用博弈理论演化分析各利益相关者的参与和选择行为策略;通过仿真实验探索财政支出在人才吸引方面的作用机制,进而提出以人才管理的全过程为轴线,从教育财政支出与高校联动改革的角度提出未来地方人才吸引力高质量发展的突破方向和优化策略。

目　　录

第一章　绪　论 ……………………………………………………… 1

　第一节　研究背景 ………………………………………………… 1

　第二节　研究目的与意义 ………………………………………… 5

　第三节　文献综述 ………………………………………………… 6

　第四节　研究思路 ………………………………………………… 22

　第五节　研究内容 ………………………………………………… 23

　第六节　研究方法 ………………………………………………… 25

第二章　概念界定与理论基础 …………………………………… 27

　第一节　概念界定 ………………………………………………… 27

　第二节　理论基础 ………………………………………………… 31

第三章　改革开放以来我国人才政策演变与分析 ········· 39

　　第一节　改革开放以来我国人才政策演变历程 ········· 39

　　第二节　基于政策工具的人才政策分析 ········· 55

　　第三节　小　结 ········· 71

第四章　高等教育财政支出与人才吸引力现状分析 ········· 73

　　第一节　高等教育财政支出状况分析 ········· 74

　　第二节　我国高校人才现状分析 ········· 86

　　第三节　典型区域研究 ········· 95

　　第四节　小　结 ········· 111

第五章　高等教育财政支出对提升人才吸引力的实证分析 ········· 114

　　第一节　基于 DEA 模型省级财政支出效率评价 ········· 114

　　第二节　省级财政支出与人才吸引力关系研究 ········· 129

　　第三节　小　结 ········· 142

第六章　高等教育财政支出对提升人才吸引力的内在逻辑与演化机制 ········· 145

　　第一节　演化博弈主体与模型构建 ········· 145

　　第二节　高等教育财政支出对人才吸引力的系统动力学分析 ········· 155

　　第三节　小　结 ········· 164

第七章　高等教育财政支出对提升人才吸引力的优化路径与对策 ………… 166

第一节　高等教育财政支出供给策略 …………………… 166

第二节　高质量人才管理策略 ……………………………… 171

第八章　结论与建议 …………………………………… 176

第一节　结　　论 ………………………………………… 176

第二节　建　　议 ………………………………………… 179

参考文献 …………………………………………………… 182

附录一　天津市高等教育财政支出与人才吸引力访谈提纲 ………… 193

附录二　人才吸引力调查问卷 ……………………………… 194

第一章 绪 论

第一节 研究背景

一、高质量发展的时代要求

自 2017 年中国共产党第十九次全国代表大会首次提出"高质量发展"的新表述,到 2021 年习近平总书记接连强调高质量发展的意义重大,高质量发展已成为全面建设社会主义现代化国家的首要任务。当前,我国经济正处于从高速增长向高质量发展转型的关键时期,其强调发展模式的转变、经济结构的优化以及增长动力的转换,以全面提升全要素生产率,实现创新驱动。传统的粗放管理与高速发展模式已不再适合当前经济转型过程的需要,社会经济的高质量发展已然成为当前经济社会发展转型的重要命题,摆脱路径依赖,转换新旧发展模式成为趋势和潮流。正如著名经济学家厉以宁认为,"改革不能拖,传统的发展模式不会自动退出,再走路径依赖的道路只能延迟经济的转变"[①]。在此过程中,随

[①] 厉以宁:改革要摆脱路径依赖,莫留恋高速度发展[EB/OL]. (2017 - 12 - 17)[2024 - 03 - 03]. https://www.sohu.com/a/211124475_734123.

着传统生产要素资源优势的逐渐削弱，而作为创新的第一资源，人才的优势已经逐步显现，它是现代生产力最主要的推动力和最活跃的因素。十九大报告中明确提出"人才是担当民族复兴大任，使我国在激烈的国际竞争中处于不败之地的重要资源"，二十大更强调"人才是第一资源"。人才资源作为推动产业结构转型升级的最有效方式，也是经济迈向高质量发展的最关键、最紧缺的资源。

党的二十届三中全会进一步指出，"高质量发展是全面建设社会主义现代化国家的首要任务"，而"教育、科技、人才是中国式现代化的基础性、战略性支撑"。在这一过程中，高等教育作为创新驱动的关键力量，扮演着培养高素质人才、促进科技创新、支撑产业升级的重要角色。抓住高质量发展这个新时代中国经济发展的鲜明主题，以新发展理念为指引，紧扣新发展阶段的特征，深入推进供给侧结构性改革，确保高质量发展全面融入并贯穿于经济社会发展的全过程，着力提升发展水平、发展质量和发展效益，进一步推动完善高质量发展的激励约束机制，塑造发展新动能新优势，是推进和拓展中国式现代化的重要支撑。

二、高等教育财政支出的根本要求

百年大计，教育为本，千秋基业，人才为先。教育和人才两者始终密不可分，谈及教育必说人才，谈到人才必讲教育，国家的发展依靠教育提供人才，社会的进步凭借人才推动教育。我国政府在持续推动教育改革中始终强调教育公平与质量并重，特别是在高等教育领域，强调提升教育质量和科研创新能力。财政教育经费的持续增加以及对高等教育的投入调整，为的就是优化教育资源配置，提升教育质量和吸引力。事实上，在人才资源的形成中，高等教育始终承担着人才培养、科学研究、社会服务、文化传承和国际交流等重要的社会职责，对于人才的培养与发展发挥着举足轻重的作用，对人才的引进与吸纳产生了深远的影响。

党的十八大以来，国家瞄准教育改革主攻方向、重点领域和关键环节，以重点突破带动全面进步，"全国教育经费总投入中，80% 来自国家财政性教育经费，政府投入是教育经费的第一大来源渠道；国家财政性教育经费中，80% 来自一般公共预算教育经费，教育成为一般公共预算的第一大支出；全国一般公共预算教育经费中,80%来自地方,地方政府是教育支出的第一大主体"①。2022年全国教育经费总投入为61329.14亿元,首次超过6万亿元,2023年更是达到64595亿元,其中,国家财政性教育经费为50433亿元,比上年增长4.0%,占国内生产总值的比例为4.001%,做到了"一般不低于4%"②。政府作为教育的举办者,更是教育投入中的主体,国务院办公厅《关于进一步调整优化结构提高教育经费使用效益的意见》(国办发〔2018〕82号)中明确提出"确保一般公共预算教育支出逐年只增不减,确保按在校学生人数平均的一般公共预算教育支出逐年只增不减"(简称"两个只增不减")。教育财政投入的高低不仅是发展高等教育事业的重要物质基础,更是各地吸引人才的重要手段。对此,加大投资于人的力度,加速人力资本积累,是加快建设教育强国、有力支撑中国式现代化的必然要求和必由之路。

三、人才第一资源的战略定位

人才是富国之本、兴邦大计。习近平总书记在党的二十大报告中指出,必须坚持"人才是第一资源",深入实施"人才强国战略",坚持"人才引领驱动"③。当前,世界新一轮科技革命和产业变革正在重构全球创新版图、重塑全球经济结构。创新驱动的本质就是人才驱动,谁拥有一流的创新人才,谁就拥有科技创新的优势和主导权。在全球创新指数排名中,我国已从2012年的第34位上升到2023年的第12位④。办好中国的事情,关键在党、关键在人、关键在人才。培养时代新人必须站在时代的高度,站在国家和人民期待的角度,以习近平总书记为核心的党中央充分意识到人才对于我国发展的重要战略地位,在新的历史时期

① 中国教育报.十年来,教育公平迈出新步伐,质量提升取得新进展——我国各级各类教育达到历史最好水平[EB/OL].(2022-09-28)[2024-03-31].http://www.moe.gov.cn/fbh/live/2022/54875/mtbd/202209/t20220928_665604.html.
② 洪秀敏,刘友棚,赫子凡.学前融合教育质量保障建设的现实境遇与行动路向[J].中国教育学刊,2024(04):22-27.
③ 习近平.在北京大学师生座谈会上的讲话[N].人民日报,2018-5-3.
④ 世界知识产权组织.WIPO发布《2023年全球创新指数》:瑞士、瑞典和美国领先全球,中国是创新集群数量最多的国家[EB/OL].(2023-9-27)[2024-04-04].https://g-city.sass.org.cn/2023/0927/c4951a555337/page.htm.

高度重视人才工作,高瞻远瞩谋划人才事业布局,锚定跻身创新型国家前列、建成人才强国的远景目标,厚植创新发展的人才根基,为有潜力的人才提供成长机会。

大力实施科教兴国、人才强国战略,稳步推进人才工作,其实质就是通过教育等手段将我国众多的人力资源优势逐步转化为人才优势,通过加大科研项目投入,提高创新驱动力,带动我国人才队伍实力的整体提升,进而提升我国的国际竞争力和综合国力。2024 年 5 月 27 日,习近平总书记在中共中央政治局就促进高质量充分就业的第十四次集体学习中指出,要加快塑造素质优良、总量充裕、结构优化的现代化人力资源,就要坚持人岗相适、用人所长、人尽其才。人才工作事关当下,更关乎未来。党的十八大以来,中国共产党团结带领全国各族人民全面建成小康社会,办成了许多长久以来没办成的大事,解决了许多长期想解决而没有解决的难题,我国人才培养数量和培养质量显著提升,高层次人才队伍日益壮大,人才国际竞争力显著增强。随着全球经济的迅速发展和科技的日新月异,人才已经成为一个国家综合竞争力的核心要素。高等教育作为培养高素质人才的重要基地,要着力提高人才培养质量,筑牢高质量发展的人才基石,以此提升高等教育对高质量发展的支撑力和贡献力。

国家发展靠人才,民族振兴靠人才。习近平总书记在中央人才工作会议上强调,"加大人才发展投入,提高人才投入效益"。财政要把人才资源开发放在最优先位置,把建设战略人才放在最重要位置。高等教育财政支出作为连接经济社会发展和人力资本的桥梁和纽带,其合理的支出配置和效率直接关系到人才的吸引力和培养质量。因此,精准把脉高等教育财政支出规模和结构,与人才吸引力之间的关系,有助于人才资源的形成,增强人才资源的吸引,加快人力资本累积速度,这为政府人才新政提供崭新方向,为地方经济高质量发展提供动力保障。对此,本研究立足新时代背景,立足高质量发展的新要求、新征程探究高等教育财政支出与人才吸引力之间的现状与逻辑关系,厘清人才政策体系的关注点与措施,从而为深入实施新时代人才强国战略,加快建设世界重要人才中心和创新高地提供有力支撑。

第二节 研究目的与意义

一、研究目的

治国为邦,人才为急,只有加大人才发展投入,靶向发力,用真心、悉心、倾心、精心打造引才氛围,才能真正实现"人尽其才、才尽其用",形成国际一流的人才汇聚之地、事业发展之地、价值实现之地。高等教育财政投入作为人力资本培育的主渠道,是吸引、留住人才的重要砝码。要想破解人才发展体制机制改革"破"得不够、"立"得不稳的问题,首要一条就是要坚持人才投资优先保障。人才投入作为赢得未来的战略性投入,是效益最大、最有远见的投资。本研究以我国高等教育财政支出与人才吸引力现状为切入口,通过梳理改革开放以来我国人才政策的演变历程,量化分析人才政策措施,实证分析高等教育财政支出与人才吸引力两者之间的效率和传导路径,揭示我国高等教育财政支出对人才吸引力的内在逻辑和演化机制,从而提出高等教育财政支出改革的路径方案和动态调整机制,为激发人才内在动力,建设教育强国提供有效保障。

二、研究意义

(一)理论意义

第一,系统总结高等教育财政支出与人才吸引方面的实践经验。从政策工具与人才吸引力契合度的视角探索政策对于吸引人才的演化和作用机制,总结形成本土化的理论创新成果,丰富我国财政支出与人才研究的理论体系。

第二,构建高等教育财政支出对人才吸引力影响的绩效评价方法。厘清高质量发展背景下高等教育财政支出对吸引人才的影响机制,形成财政支出的绩效评价体系,为系统性评价我国人才吸引效率方面提供科学评价标准与测量工具。

(二)实践意义

第一,为我国高质量人才发展战略提供路径参照。通过系统归纳、总结高质量发展目标下高等教育财政支出与人才吸引力之间的关系,以及影响人才吸引力的关键因素,提出未来我国高校落实人才发展战略的突破路径和优化策略,为地方政府推进人才战略提供有效指导和支撑。

第二,为评价我国高等教育财政支出效果提供一种方式。立足社会高质量发展,通过对高等教育财政支出对人才吸引力的效率评价,为地方政府科学评价高等教育财政支出效率问题提供思路和具体的实践指导。

第三节　文献综述

一、人才吸引力的可视化分析

通过主题词与关键词相结合的方法,以"人才吸引力""人才竞争力""人才聚集力""高等教育财政支出""Talent Attraction""Talent Competitiveness""Talent aggregation""Higher education financial Expenditure""education financial Expenditure"等为关键词对多个重要中文数据库[如中国知网(CNKI)、万方、维普]以及英文数据库(如 Web of Science、Wiley Online Library)进行深度检索,同时为确保数据的准确性和有效性对所收集的文献进行去重处理,在此基础上进一步筛选,以确保每篇文献不仅与研究主题紧密相关,并且符合特定的纳入标准,最终整理出 1234 篇中文文献和 980 篇英文文献。

以上述文献为基础,利用 CiteSpace 进行分析。将 CNKI 和 Web of Science 的文献分别导出为 Refworks 和纯文本格式,统一命名后导入 CiteSpace。通过文献计量学分析,计算 R2 评估文献发表的时间趋势拟合度。同时,分析作者发文机构以了解合作与机构角色。利用可视化工具如关键词共现网络,展示研究热点和关键节点。通过 Q 值和 S 值评估聚类效果,突现词分析则用于捕捉学科前沿和发展趋势。

（一）发文机构和作者分布

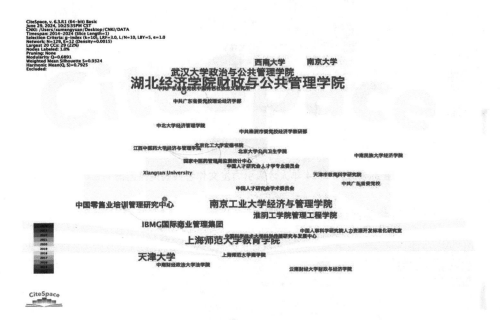

图1　2014—2024 年人才吸引力发文机构共现网络图谱

如图 1 所示,湖北经济学院是中文相关研究发文量最大的机构,紧随其后的是武汉大学、南京工业大学、上海师范大学以及天津大学等。图 2 则展示了作者的发文量排名,其中李光全、陈晓伟、张效祯和李前兵等学者比较活跃,其研究覆盖了多个领域,也为特定领域研究提供了深入的见解和创新观点。

图2　2014—2024 年人才吸引力发文作者共现网络图谱

（二）关键词共现网络分析

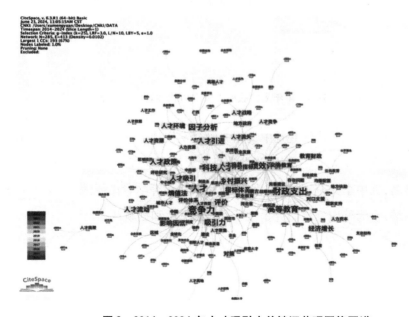

图3　2014—2024 年人才吸引力关键词共现网络图谱

如图 3 所示,关键词共现图谱网络密度为 0.015,Q 值为 0.6891,S 值为 0.9324,反映出了图谱结构的复杂性和信息的丰富性。较高的 Q 值和 S 值表明图谱具有良好的合理性和可信度,说明可以通过此图谱进行深入的分析和解读。按照关键词网络中的位置和影响力可以发现,前五个关键词分别为"竞争力"(中心性为 0.25)、"财政支出"(中心性为 0.17)、"高等教育"(中心性为 0.19)、"绩效评价"(中心性为 0.15)、"人才"(中心性为 0.17),这些词不仅是研究领域的高频词汇,也是热点主题代表。如图 4 直观地呈现出关键词的中心性,即在学术研究中的重要性和影响力。

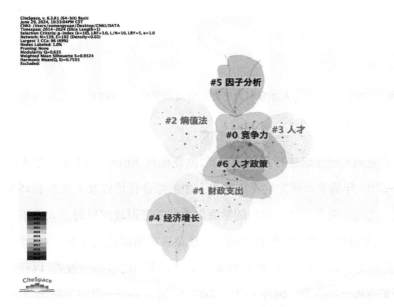

图 4　2014—2024 年人才吸引力中文关键词聚类共现网络图谱

外文文献中关键词频次从高到低依次是"competition"(中心性为 0.24)、"education"(中心性为 0.16)、"talent identification"(中心性为 0.06)、"higher education"(中心性为 0.05)、"financial development"(中心性为 0.02)。如图 5,对关键词进行聚类分析发现研究热点主要围绕人才评价、人才管理、经济发展。

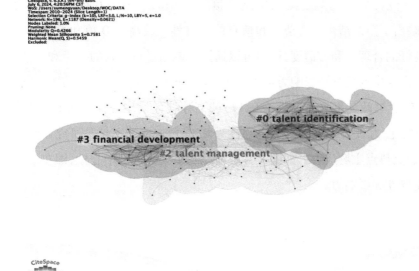

图5 2010—2024 年人才吸引力外文关键词聚类共现网络图谱

（三）突现词分析

通过构建关键词共现图谱进行突现词检测,发现国外 2010—2019 年的学术研究、国内 2014—2018 年的学术研究主要集中在人才的综合评价以及人才成长环境与教育财政支出之间的关系。这一时期的学者们关注教育财政支出对于人才培养和留存的影响,以及这些因素如何相互作用以塑造地区或国家的人才竞争力;研究方法上以量化分析为主,通过绩效评价指标来衡量教育支出的效率与效果,以获取更直观的数据支持和分析结果。国外 2020—2022 年、国内 2019—2021 年的学术研究,研究焦点转向了人才与经济发展的相互作用,特别是人才资本、人才流动性以及人才政策对经济增长的贡献,应该说这一时期的研究强调了人才作为经济发展的关键驱动力,特别是在知识经济时代背景下,地区和国家的发展高度依赖高素质人才的集聚和有效利用,研究强调人才在促进经济增长、创新和可持续发展中扮演的核心角色。国外 2023—2024 年、国内 2022—2024 年的研究重心开始转移到地区人才吸引力的决定性因素,以及人才吸引力与高等教育财政支出之间关系,研究更加注重挖掘高等教育财政支出如何通过提升教育质量、科研能力,进而影响一个地区吸引和保留人才的能力,可以说这一阶段的研究开始采用更为复杂和精细的分析模型,如多变量回归分析、结构方程模型等,以便更深入、全面地评估高等教育财政支出对人才吸引力的直接和间接影响。具体如图6、图7、图8所示。

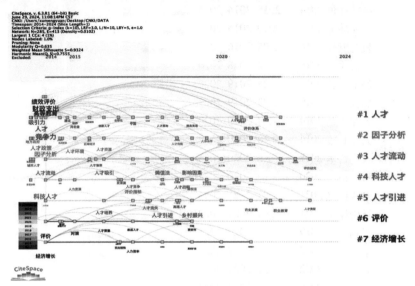

图6　2014—2024年中文人才吸引力时间线图

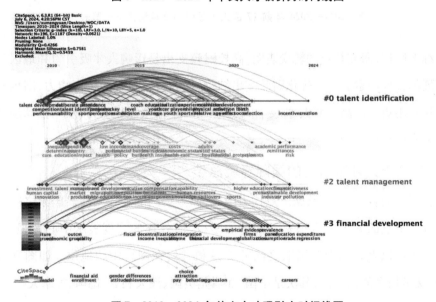

图7　2010—2024年外文人才吸引力时间线图

Top 17 Keywords with the Strongest Citation Bursts

Keywords	Year	Strength	Begin	End	2014 - 2024
评价	2014	3.07	2014	2018	
绩效评价	2014	2015	2014	2015	
人才环境	2015	2019	2015	2016	
教育财政	2016	2.95	2016	2018	
熵值法	2018	2.44	2018	2020	
经济增长	2014	3.25	2019	2020	
熵权法	2019	2.43	2019	2021	
人才流动	2014	2.4	2019	2020	
人才政策	2014	4.13	2020	2022	
人力资本	2017	2.6	2020	2021	
长三角	2020	1.99	2020	2021	
乡村振兴	2021	2.05	2021	2024	
评价体系	2021	2.04	2021	2022	
影响因素	2019	3.4	2022	2024	
中介效应	2022	2.1	2022	2024	
职业教育	2022	2.1	2022	2024	
人才吸引	2016	1.95	2022	2024	

图 8　2014—2024 年前 17 位人才吸引力突现词情况一览表

综上所述,研究热点的转变表明,高校财政支出是影响人才吸引力和地区经济发展的重要因素。通过优化财政支出结构,提高教育质量和科研能力,高校不仅能培养出更多的高素质人才,更能增强地区的整体人才吸引力,从而推动经济社会的全面换代升级。

二、关于人才吸引力的国际经验总结

就图谱而言,每一个圆圈节点代表国家,而节点间的连线则代表国家之间的相关性。节点的大小表示国家发文量的多少,而外环的宽度表示中心性强度。通过视图可以直观地理解国家之间的关系和它们在网络中的地位。如图 9 所示,发文量最多的是美国,其次是中国,而后是英国、澳大利亚、德国、加拿大等。

通过文献聚类分析发现,国外研究侧重于人才评价、人才管理以及人才与经

济发展的关系。国际社会普遍认为人才是国家发展的重要资源,特别是在知识经济时代背景下,人才吸引力的差异和人才流动的自主性对于经济发展十分关键,形成了如全球人才指数(GTI)、世界人才排行(WTR)、全球人才竞争力指数(GTCI)等评价指标体系。此外,国际上普遍重视科研机构的人才制度建设,各国科研机构在人才引进、岗位聘用和薪酬制度方面有着不同的经验和做法。欧洲之所以在吸引科学人才方面表现出色,其成功之源在于拥有世界一流的大学和科研设施、对研究的经费支持、合同保障、学术自由、开放政策以及完善的研究基础设施和多元的文化体验,从而促使欧洲成为科研人员的理想目的地。

可见,高等教育是人才培养的重要环节,财政支出直接影响到教育资源的分配和质量。一个国家或地区对高等教育的投入,不仅影响到教育机构的硬件设施和师资力量,还影响到教育研究的深度和广度,进而影响人才培养的质量和数量。

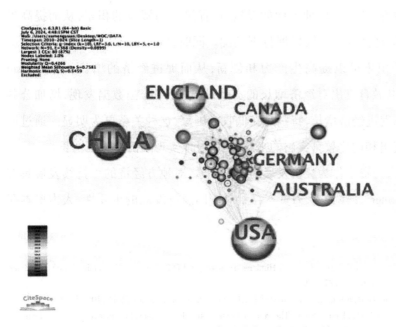

图9　2014—2024 年世界各国发文强弱情况图

　　对文献进一步分析发现,教育在现代经济中具有核心地位,它不仅是促进个人全面发展的重要途径,也是社会进步和发展的重要基石,还是文化传承和创新的重要途径,更是实现社会公平的重要手段,对促进经济发展具有重要影响。政府应该在提供教育方面发挥积极作用,以确保其质量和普及,而制定和实施有效的教育政策对于发挥教育在经济增长中的作用至关重要。Nelson[1] 等在对政府高等教育投入与高质量发展关系的研究中发现政府对高等教育财政投入的增加,会增加高等教育带来知识的溢出效益以及技术扩散效应,有助于促进经济的增长,进而增加地方人力资本的累积,从而长期推动经济发展。Lucas[2] 通过对多个国家的数据研究,发现人力资本是解释国家之间收入差异的关键,当一个国家的人力资本增加时,其不仅会体现在接受教育或培训的个体身上,还会通过多种渠道溢出到其他人群。而人力资本的积累需要投资,这种投资通常会带来高额的回报,因为人力资本的提高可以促进生产力和经济增长。对此,Lucas 认为政府应增加在教育、健康和培训方面的投资,以促进人力资本的积累,从而提高当前的生产力,为经济的可持续发展打下基础。同时,Francesco Cinnirella 等[3]也认为人力资本的积累可以提高生产力和创新,从而促进经济的增长。Blankenau 等[4]探讨了公共教育支出对经济增长的贡献,通过使用跨国数据发现,增加公共教育支出可以促进经济增长,特别是在低收入国家,这种关系更为明显。通过增加公共教育支出和优化教育支出的来源,国家可以实现经济的持续增长。

　　事实上,人力资本作为经济发展的核心要素,对地方经济的可持续发展具有重要意义。Romer[5] 强调了人力资本存量对一国经济发展的重要性,人力资本存

---

①　Nelson R R,Phelps E S. Investment in Humans,Technological Diffusion,and Economic Growth[J]. *American Economic Review*,1966,56(1/2):69 – 75.

②　Robert Lucas. Human Capital and Growth[J]. *American Economics Review*,2015,105(5):85 – 88.

③　Francesco Cinnirella,Jochen Streb. The role of human capital and innovation in economic development: evidence from post-Malthusian Prussia[J]. *Journal of Economic Growth*,2017,22(2):193 – 227.

④　Blankenau W F,Simpson N B. Public Education Expenditures and Growth[J]. *Journal of Development Economics*,2004,73(2):583 – 605.

⑤　Romer P M. Endogenous Technological Change[J]. *Journal of Political Economy*,1990,98(8):32 – 36.

量是知识存量积累的关键因素。当一国的人力资本存量增加时,知识的累积也会增加,这会刺激经济投资,从而提高该国的经济水平。Howitt 等①研究发现,要实现长期经济增长,需要同时注重资本积累和创新,并通过市场机制和政府政策来优化资源配置和提高经济效率。Jong 等②主要探讨了人口变化、人力资本和经济增长之间的关系,以韩国为例,观察到随着人口结构的变化经济面临一系列挑战和机遇,人力资本是经济增长的重要引擎。随着韩国的教育水平和健康状况的提高,韩国的人力资本存量也在增加,这为韩国的经济增长提供了坚实的基础。教育是提高人力资本和促进经济增长的关键,而人口流动可以提高劳动力的配置效率,从而促进经济增长。最后发现人口变化、人力资本和经济增长之间存在密切关系,应充分利用其人力资本优势,应对人口结构变化带来的挑战,以实现经济的持续增长。Acemoglu 等③通过实证研究发现,区域发展水平是影响地方收入变动的一个重要因素。当一个地区的经济快速增长时,该地区的人才收入水平往往也会相应提高。Gennaioli 等④构建了地区经济增长模型理论,强调人力资本对区域发展的影响。研究发现,人力资本的积累可以提高个人的生产力和创造力,从而促进区域的创新和经济增长。综上所述,人力资本的积累和配置是促进经济持续增长的重要引擎,对于实现地方经济的可持续发展具有重要意义。

此外,高等教育投资和产业研发投入在促进经济增长、提高劳动力技能水平以及人力资本质量方面具有举足轻重的作用。政策制定者应注重这些方面的投

①　Howitt P,Aghion P. Capital Accumulation and Innovation as Complementary Factors in Long-Run Growth [J]. *Journal of Economic Growth*,1998,3(2):111–130.

②　Jong Suk Han,Jong-Wha Lee. Demographic change,human capital,and economic growth in Korea[J]. *Japan and The World Economy*,2020(53):28–33.

③　Acemoglu D. ,and D. Melissa. Productivity differences between and within countries[J]. *American Economic Journal:Macroeconomics*,2010(1):169–188.

④　Gennaioli,Nicola,Rafael LaPorta,Florencio Lopez-de-Silanes,and Andrei Shleifer. Human capital and regional development[J]. *Quarterly Journal of Economics*,2013,128(1):105–164.

资,以增强一个地区的经济竞争力和创新能力。Ebru Voyvoda 等①发现,通过增加对高等教育的投资和产业的 R&D 投入,可以提高一个地区的创新能力和技术水平,从而促进经济的增长。这种增长不仅可以带来更多的就业机会,还可以提高劳动力的技能水平和人力资本质量。政策可以带来多重效应,包括增加就业机会、提高劳动力技能水平和促进经济增长。政策制定者需要注重增加对高等教育的投入,同时还需要支持产业的 R&D 活动,以提高一个地区的创新能力和技术水平。这将有助于吸引更多的人才,并提高他们的技能水平,从而增强一个地区的经济竞争力和创新能力。综上,通过研究经济增长的内生影响,发现高等教育投资和产业 R&D 等政策可以引发重新分配效应,进一步促进人力资本和人才培养质量。Cunha 等②人使用生命周期模型探究了高等教育政府投入对劳动力所具备技能的培养和人力资本积累的影响作用。研究强调了政府对高等教育投资对于培养熟练劳动力队伍和增长人力资本的重要性,这对于一个国家的经济福祉至关重要。

综上所述,国际经验表明政府的高等教育投入是促进地方经济高质量发展的关键因素。通过增加高等教育的投资,政府能够扩大人力资本的规模,提高教育质量,进而激发了知识创新和技术进步,提升了劳动力的技能水平,还增强了经济的整体竞争力。教育投资还通过促进研究和开发活动,加速了新技术的应用和扩散,为经济增长提供了持久的动力。因此,政府的高等教育投入被视为一种对未来的投资,它通过培养高素质的人才和推动知识经济的发展,为地方经济的持续增长和结构优化奠定了坚实的基础。

三、关于人才吸引力的国内影响因素

结合现有研究发现,人才吸引力的研究热点主要围绕人才流动趋势、国家人才政策、人才吸引力以及相关财政支出与经济增长。人才吸引力、财政支出和经

① Ebru Voyvoda, Erinç Yeldan. Public policy and growth in Canada: An applied endogenous growth model with human and knowledge capital accumulation[J]. *Economic ModellingVolume*, 2015(50):298 – 309.

② Cunha F, Heckman J, Schennach S. Estimating the Technology of Cognitive and Noncognitive Skill Formation[J]. *Econometrica*, 2010, 78(3):883 – 931.

济发展之间存在着复杂而密切的关系。人才吸引力的提升需要综合考虑经济发展、财政支出和区域环境等多方面因素,而政府在这其中扮演着重要的角色,其对于理解和制定各地区的人才引进政策具有重要的指导意义。

政府在高等教育领域的财政支出直接影响教育资源的分配和质量。充足的财政投入可以提升教育设施、教学质量和研究能力,从而吸引和培养更多的高素质人才。高等教育的质量是吸引人才的关键因素。高质量的教育不仅能吸引学生和学者,还能吸引企业和投资,从而促进经济发展。高等教育作为人力资本投资的关键渠道,肩负着培育与输送高质量人才的重任。高质量的经济发展需要以高质量的人力资源作为支撑。人才是推动经济高质量发展的重要资源。为了实现经济的高质量发展,需要充分发挥人力资本和人才资源优势,激发人才的创新创造活力。人才集聚效应能够显著增强经济的支撑力。中国的人才吸引力从东向西呈现递减趋势,东部沿海地区的人才吸引力明显高于中西部地区。这种空间集聚趋势逐年增强,热点和冷点地区主要集中在东部沿海和西部地区。例如,长三角生态绿色一体化发展示范区的人才一体化发展指数显示,随着人才强国战略的实施,人才发展水平显著提升,集聚效应逐步显现,经济支撑力明显增加。

高等教育的财政支出是提升人才吸引力的关键。通过增加对高等教育的财政投入,可以提升教育质量,培养和吸引更多高素质人才,从而促进经济发展和社会进步。中国人才吸引力模式是多维度的,就当前国内学术界发展现状而言,其主要涉及城市人才生态、战略科技人才竞争,以及高端人才的布局与流动特征。随着经济全球化的深入,城市之间的竞争已经从传统的资源争夺转变为人才的竞争,人才吸引力已成为城市竞争力的重要指标。实际上,为提升城市的人才吸引力,就需要从多个角度出发,打造一个有利于人才成长和发展的生态环境。冉景亮等[①]研究表明,城市人才吸引力并非由单一因素决定,而是多方面因

---

① 冉景亮,成浩源.人才生态视角下城市人才吸引力提升组态路径研究——基于模糊集定性比较分析方法[J].重庆大学学报:社会科学版,2023,29(1):151-164.

素的综合结果。例如,经济发展、科技创新、生活环境等都是重要因素。研究中
发现四种不同的人才生态环境会产生城市人才吸引力的组态路径,如经济主导
下的社会文化驱动型、科创—生活—自然驱动型、生活驱动型、科技主导型等。
因此,城市人才吸引力的提升需要综合考虑多个方面,形成相互支持的人才生
态。基于全球战略科技人才竞争,在全球范围内科技人才,尤其是基础科学和高
精尖技术领域的战略科技人才,是决定国家竞争优势的关键。具体战略包括提
升科技人才培养、储备与发展的水平,并积极参与全球战略科技人才竞争,这要
求在教育和科研领域加强国际合作,同时应对全球化带来的挑战。

《人才吸引力报告 2020》中提到,中国的高端人才呈现"中心外围"式的布
局,而这种布局主要源于学者在入选人才计划前的流动。高端人才的流动具有
阶段性特征,在入选人才计划后,学者向外围流动的偏好有所增强,但规模有限。
此外,不同区域内高端人才市场的开放水平不同,经济发达区域更为开放,而经
济落后区域则较为封闭,更容易出现"人才损失"。综上所述,有关人才吸引力的
研究更多强调多因素的综合作用,包括经济、科技、生活环境、教育等多个方面,
以及全球化和区域发展不平衡对人才流动的影响。

另外,人才吸引力评价模型作为用于衡量一个国家、地区或组织吸引人才能
力的模型,它通常包括一系列指标,如经济发展水平、教育质量、生活质量、文化
包容性、职业发展机会等,以构成综合评价体系。通过这个模型可以了解一个国
家或地区在吸引人才方面的优势和不足,进而制定相应的人才政策,提高人才吸
引力。同时也可以为人才提供一个参考,帮助其选择适合的发展环境。如崔少
泽等[1]基于层次分析法(AHP)构建了人才吸引力评价指标体系,并以深圳市为例
进行了应用,为其他城市在人才吸引力方面提供了借鉴和参考。同时,孙博[2]以
我国 35 个主要城市为例,基于个体与环境匹配理论,从个体"宜居"与"兴业"两

① 崔少泽,邱华昕,王苏桐. 城市人才吸引力评价模型研究——以深圳市为例[J]. 科研管理,2021,
42(7):60 - 66.
② 孙博,刘善仕,彭璧玉,等. 中国城市人才吸引力评价指标体系研究——以 35 个主要城市为例[J].
管理现代化,2022,42(01):129 - 135.

大需求出发,利用人才简历的职业流动数据,通过多值逻辑回归对影响人才流动的宏观环境因素进行了显著性识别和影响值估计,并在此基础上,构建了中国城市人才吸引力评价指标体系及其权重。综上所述,城市人才吸引力评价模型的建立需要综合考虑多种因素,并运用适当的数学工具进行分析,这不仅能更准确地评估和比较不同城市在吸引人才方面的优势和劣势,也为城市管理者提供决策支持。

耿士藜[①]关注中国二线城市的人才吸引力,分析了这些城市在人才竞争中的地位以及人才环境因素对人才竞争力的影响。随着中国经济的发展,二线城市在人才吸引力方面与一线城市相比呈现出不同的特点。二线城市虽然在经济总量上可能相对较弱,但它们通常具有较大的发展潜力,政府也会提供更多的扶持政策,为人才提供更多的机会。此外,二线城市在生活成本和宜居性方面通常具有优势,例如在房价、交通、教育等方面提供了更具吸引力的条件。在就业机会和行业分布方面,二线城市以提供更多与当地产业相关的职位,这对于希望在一个特定行业发展的人才来说可能更为重要。许多二线城市还出台了一系列的人才政策,如购房补贴、落户政策等,以吸引和留住人才。虽然一线城市可能拥有更多的知名大学和科研机构,但二线城市可能在某些领域具有强大的实力。因此,在选择城市时,人才通常会考虑多个因素,包括经济实力与发展前景、生活成本与宜居性、就业机会与行业分布、人才政策与补贴以及教育与科研资源。杨光[②]通过调查实证研究和数理统计分析,对长三角地区人才吸引力的现状进行了分析,研究发现影响长三角地区人才吸引力的关键因素包括职业发展前景、内部人际关系、收入水平、城市交通环境、政府政策支持等。

综上所述,学者们从不同角度分析了中国人才吸引力问题,包括城市人才生态、评价指标体系构建、特定城市和地区的案例分析等,为提升中国城市和地区的人才吸引力提供了有价值的见解和策略。其中,地区人才吸引力的差异是一

① 耿士藜. 我国二线城市人才吸引力评价与比较研究[D]. 北京:北京大学,2011.
② 杨光. 长三角地区人才吸引力的现状分析及提升机制研究[D]. 桂林:桂林理工大学,2013.

个重要因素。同时,地方政府为发展经济和获得政绩,可能会采取偏向本地考生的招生策略,尤其是在那些人才吸引力较低、留不住人才的地区。对于教育支出占比较高地区,地方政府更迫切地回收教育投资收益,因此更倾向于招收本地考生,这都从侧面反映出中国高等教育财政支出与人才吸引力之间的复杂关系。此外,高等教育的财政投入不仅影响教育资源的分配,还与地区间人才流动和经济发展紧密相关。

四、财政支出与人才吸引力相关研究

从人力资本的角度看,财政性教育支出在支持人力资本的形成和积累方面具有不可替代的作用。政府教育财政支出可以促使人力资本结构的优化,通过增加高等教育经费,人力资本结构会产生变化,而这种变化会进一步影响全要素生产率。如刘华等[①]对比了不同国家的数据,发现公共教育支出可以提高人力资本水平。此外,高等教育在省域内人才集聚中的作用也非常重要。田浩然等[②]发现,中西部地区的高等教育规模对科技人才的集聚具有"倒U型"效应,但同时也存在导致科技人才相对流失的净"推力"效果。夏怡然等[③]通过采用省级面板数据发现,地方高等教育财政支出确实可以促进地方人才吸引。这主要是因为教育是提升人才资源的主要途径,而且教育等公共服务可以改变劳动力的迁移决策,这也解释了为什么教育支出是人才吸引力的一大决定性因素,从而有助于促进劳动力向教育资源发达的地区转移。此外,还有学者通过建立多层统计模型,验证了财政教育投入的长期稳定性是影响地方人力资源存量,是其不断增长的关键所在。杨伊等[④]将高等教育与其他层级的教育投入进行对比研究,认为增加高等教育财政经费投入有利于提高地方人才资源的质量。综上所述,高等教育

① 刘华,鄢圣.财政性教育投入对人力资本形成的实证分析[J].财贸经济,2004(9):65-67.

② 田浩然,李清煜.人才是会"流失"还是"集聚"——中西部地区高等教育规模影响科技人才集聚的实证分析[J].重庆高等教育研究,2022(10):92-105.

③ 夏怡然,陆铭.城市间的"孟母三迁"——公共服务影响劳动力流向的经验研究[J].管理世界,2015(10):78-90.

④ 杨伊,胡俊男,谭宁.高等教育投入、人力资本结构对区域经济增长影响的外溢性研究[J].黑龙江高教研究,2021,39(09):36-44.

财政支出在提升区域人才吸引力方面具有显著作用,这主要是因为它可以直接或间接地影响人才的培养和流动。

从既往文献来看,学者们对于高等教育对人力资本累积的影响已进行了深入探讨,并从多个角度进行了分析。尽管已有研究关注了人才吸引力和高质量发展的关系,但关于地方高等教育财政支出对人才吸引力以及高质量发展的作用效果的研究相对较少。因此,本研究从财政支出与人才资源作用关系的角度出发,探讨其对区域人才吸引力和高质量发展的影响,并在此基础上找寻高等教育财政支出内部结构优化的方向,不仅具有重要的理论意义,而且对于现实政策的制定也具有指导意义。随着社会经济的不断发展,地方高等教育财政支出的优化对于区域人才吸引力和高质量发展的关系逐渐成为研究热点。

五、文献述评

综上所述,当前关于人才吸引力的研究主要聚焦于人才流动趋势、国家人才政策、人才吸引力及其与财政支出、经济增长之间的关系等多个维度。从国际经验来看,人才被视为国家发展的重要资源,特别是在知识经济时代背景下,人才吸引力的差异和人才流动的自主性对经济发展具有重要影响。国内研究则更多关注人才吸引力的地域差异、城市人才生态以及人才吸引力的评价指标体系。具体而言,研究的关注点如下:第一,人才吸引力的地域差异。中国的人才吸引力从东向西呈现递减趋势,东部沿海地区的人才吸引力明显高于中西部地区。第二,城市人才生态。城市之间的竞争已经从传统的资源争夺转变为人才的竞争,城市的人才吸引力成为城市竞争力的重要指标。第三,人才吸引力的评价指标。具体包括经济发展水平、教育质量、生活质量、文化包容性、职业发展机会等。第四,财政支出与人才吸引力的关系。政府教育财政支出对人力资本的形成和积累具有不可替代的作用,且教育支出是人才吸引力的决定性因素之一。

然而,尽管当前研究主要关注高等教育财政支出对人才吸引力的总体影响,但对其内部结构(如不同学科、不同层次的财政支出)对人才吸引力的具体影响缺乏深入探讨。同时,虽然已有研究关注了人才吸引力和高质量发展的关系,但关于政府高等教育财政支出与人才高质量发展内涵关系的研究仍然匮乏。此外,当前研究对政策制定与实施的效果评估相对较少,缺乏对不同政策在不同地区、不同时间段的适应性分析。

综上,本研究通过对不同地区高等教育财政支出政策的量化分析,深入探究高等教育财政支出对人才吸引力的具体影响机制。结合高质量发展的内涵,构建人才吸引力与高质量发展的关系模型,为政策制定提供理论依据。

第四节 研究思路

本文以高质量发展为背景,以高等教育财政支出与人才吸引力为研究对象,通过梳理我国人才政策演变,系统研究典型省区市在教育财政投入方面的实践经验和经典案例,实证分析各省区市高等教育财政支出在人才吸引层面的效率与关系,借助演化博弈、系统动力学等模型探索高等教育财政投入在人才吸引过程中的利益主体行为以及演化路径,分析影响作用机制的变动规律,最终提出以吸引人才为导向的高等教育财政支出优化路径。

第五节 研究内容

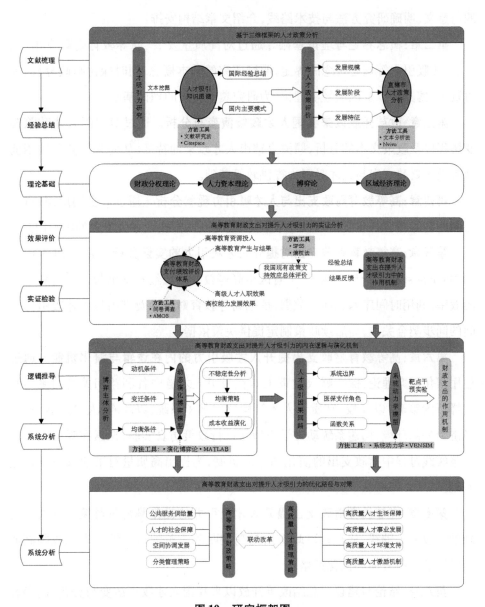

图 10 研究框架图

基于以上框架(如图10所示),本文主要分为以下八章,各章主要内容安排如下:

第一章:绪论。从研究背景入手,引出本研究要探讨的问题,说明研究的目的与意义,明确研究方法与技术路线,介绍文章结构安排。

第二章:概念界定与理论基础。通过对高质量发展、高等教育财政支出、人才、人才吸引力等核心概念的界定,明确研究的基本概念,同时探讨财政分权、人力资本、博弈论以及区域经济理论,为研究奠定坚实的理论基础

第三章:改革开放以来我国人才政策演变与分析。通过对我国人才政策演变历程以及政策文本的分析,厘清直辖市人才政策的特征,从而为了解我国当前高等教育财政支出与人才吸引力提供政策基础。

第四章:高等教育财政支出与人才吸引力现状分析。通过对全国层面、省级层面的高等教育财政支出和人才吸引力现状分析,挖掘人才吸引力的影响因素。

第五章:高等教育财政支出对提升人才吸引力的实证分析。通过 DEA 模型和 Malmquist 指数分析全国 31 个省区市高等教育财政经费支出与人才培育之间的效率,利用时间序列和面板数据,挖掘高等教育财政经费支出与人才吸引力之间的同步契合关系,为后续政策制定提供决策依据。

第六章:高等教育财政支出提升人才吸引力的内在逻辑与演化机制。通过运用演化博弈理论,探究财政政策工具在吸引人才链中各利益相关者的参与和选择行为策略;以高校、高质量人才等构建内部子系统,以政府、人口发展、社会经济为外部环境,构建系统动力学模型并进行政策仿真实验,探索在吸引人才的政策实践过程中财政支出的演化和作用机制,为提出高质量对策建议奠定理论基础。

第七章:高等教育财政支出提升人才吸引力的优化路径与对策。以人才管理的全过程为轴线,从教育财政支出与高校联动改革的角度提出未来我国高质量发展的突破方向和优化策略。

第八章:结论与建议。总结改革开放以来我国人才政策演变与分析、高等教育财政支出与人才吸引力现状分析、高等教育财政支出对提升人才吸引力的实

证分析、高等教育财政支出提升人才吸引力的内在逻辑与演化机制等内容,提出详细的结论与建议。

第六节 研究方法

一、文献研究法

为确保本研究的时效性、科学性和权威性,通过中国知网、万方、维普等中文数据库以及 Web of Science、Wiley Online Library 等英文数据库,收集、整理国内外关于"教育财政支出""高等教育财政支出""人才吸引""Education fiscal expenditure""Higher education fiscal expenditure""Talent attraction"等关键词的相关文献研究,以便及时了解和掌握教育财政支出和人才吸引领域的最新进展和趋势。在文献梳理过程中,注重文献的质量和相关性,优先选择在权威期刊上发表的研究成果;同时,关注顶尖学术会议和研讨会的最新研究报告,以确保对研究形成关键性、及时性的指导。

二、文本分析法

本研究通过聚焦近年来与财政支出、人才吸引力、高等教育财政支出等方面的文献,从人才政策的文本出发,深入挖掘我国各阶段人才政策特征。同时,为确保研究的全面性和深入性,以各直辖市人才政策文本为基础,总结各直辖市在人才政策制定与实施过程中的特点、策略及其效果,以及政策体系的演变趋势,为高等教育财政支出的优化、人才政策有效性评估以及政策制定提供新的视角与方法。

三、问卷调查法

为掌握高等教育财政支出与人才吸引力之间的关系,重点选取天津市高校在职人员为调查对象,通过线上问卷星方式,调查天津市高校教师在高等教育财政支出、人才吸引力以及影响因素等方面的现状,以期为发掘内在动机提供实证依据。研究共发放问卷共 468 份,回收 468 份,剔除大范围漏填、错填、乱填等问卷,剩余有效问卷 468 份,占发放问卷比重的 100% 。

四、数理统计法

运用 Spss22.0 软件对原始数据进行统计处理,运用 DEA 模型对政府高等教育财政支出与人才产出的有效性、合理性以及全要素生产率变化进行测算分析;利用面板数据衡量高等教育财政支出对人才吸引力的影响。

五、专家访谈法

为保证高等教育财政支出效果评价与人才吸引力评价指标的科学性和可操作性,对从事高等教育的专家、人才引进的专家以及相关人才机构、高校人事部门负责人、地方人力资源和社会保障局和财政局相关工作人员共计 12 人进行了深度访谈 ,通过分析和整理以上相关资料,为本研究整体构思提供理论和实践支撑。

第二章　概念界定与理论基础

第一节　概念界定

一、高质量发展

自 2017 年 10 月 18 日习近平总书记在党的第十九大中首次提出高质量发展的表述，到 2020 年 10 月党的十九届五中全会提出，"十四五"时期经济社会发展要以推动高质量发展为主题；再从 2021 年 3 月中共中央政治局审议通过《关于新时代推动中部地区高质量发展的指导意见》，到 2022 年 10 月 16 日习近平总书记在党的二十大提出，"高质量发展是全面建设社会主义现代化国家的首要任务"①，2024 年 5 月 31 日二十届中央政治局第十一次集体学习的内容就是扎实推进高质量发展，高质量发展已然成为中国式现代化发展的主旋律。高质量发展不是简单追求数量和增速，而是以质量和效益为首要发展目标，同时，高质量发展不是权宜之计，而是立足于中国式现代化建设全局的战略选择。

---

① 习近平. 高举中国特色社会主义伟大旗帜为全面建设社会主义现代化国家而团结奋斗：在中国共产党第二十次全国代表大会上的报告[M]. 北京：人民出版社，2022.

从新发展理念视角来看,高质量发展以创新为第一动力,协调为内生特点,绿色为普遍形态,开放为必由之路,共享为根本目的,同时坚持质量第一,效率优先,变革经济的发展方式①。将高质量发展同满足人民美好生活需要紧密结合,同创造高品质生活有机结合,是适应经济发展新常态的主动选择,是贯彻新发展理念的根本体现,也是适应我国社会主要矛盾变化的必然要求,更是建设现代化经济体系的必由之路。习近平指出,高质量发展是"十四五"乃至更长时期我国经济社会发展的主题,关系我国社会主义现代化建设全局。其不只是一个经济要求,而是对经济社会发展各个领域的全面要求;不仅局限于经济发达地区,而是所有地区在发展过程中都必须遵循的准则;不是一时一事的要求,而是必须长期坚持的要求。近年来,习近平在不同场合反复强调"高质量发展",作出一系列重要指示。他曾简明扼要地指出:高质量发展,就是从"有没有"转向"好不好"②。因此,本研究以高质量发展为研究背景,既关注财政资金的使用效率,也关注人才对城市的创新驱动发展,还关注高等教育财政支出与人才吸引两者之间的内在联动,从而破解人才政策与产业需求"两张皮",营造近悦远来、人人向往的人才发展生态体系和最优"生活圈"。

二、高等教育财政支出

高等教育作为教育层级的一个阶段,是在中等教育的基础上,进行综合性系统性兼备的高水平专业教育、培养专业化人才的教育(社会)活动。教育财政支出是指政府在教育领域的财政投入,它是政府实施教育政策的重要手段,是政府投入教育资源的主要形式。教育财政支出主要涉及教育事业的投资、经费等。教育投资主要用于新建、改建教育设施、购买教育设备、改善教育资源等;教育经费主要指给教师、教职员工的薪酬,以及建设和维护教学环境、教学设施所需的费用等。按照受教育程度,我国教育财政可划分为高等教育财政、中等教育财

---

① 时建中.高质量法治建设保障高质量发展——学习党的二十大报告关于高质量发展与全面依法治国的体会[J].政法论坛,2022,40(06):3 - 10.

② 张敏彦.[2021"两会新语"之三]习近平心心念念这条"路"[EB/OL].(2021 - 03 - 09)[2024 - 04 - 05].https://m.gmw.cn/baijia/2021 - 03/09/34670401.html.

政、义务教育财政与学前教育财政共同构成了教育财政的重要组成部分。而高等教育财政,则特指政府针对普通高等教育阶段学校所投入的教育经费。现阶段,我国高等教育财政支出的主要流向可归结为两大方面:一是用于高等教育基础设施的建设与改善,涵盖了旧危房屋的改造、规划房屋的落实以及新校舍的兴建等所需资金;二是高等教育事业费的支出,该部分占据了高等教育财政支出中的主体,比例超过60%。高等教育事业费主要用于支持高校的日常运营及人员开支,其中,高校人员的经费支出涵盖了教职工的薪酬(含奖金、福利等)以及为学生奖助学金等项目提供的资金支持。

纵观世界高等教育发展轨迹,充足的经费投入一直是一国高等教育可持续发展的先决条件。虽然,多元化的筹资办学已成为趋势,但政府仍是教育经费投入的主体,有力的政府财政资金保障了我国高等教育事业显著发展,促进了我国的教育事业的长期、健康、可持续发展[1],为经济社会持续健康发展作出了重要贡献。

三、人才

概念作为人们对事物的基本认识和抽象,是理解问题的基础。研究人才吸引力,首先要明晰人才的概念。在西方人的基本概念中,对于人才的定义取决于人的意愿,对于某些人而言,人才的定义涉及个人专业技能的衡量;另一些则认为,人才的衡量取决于人所作出的贡献、生产能力、决策力、成就以及教育水平和行业地位等因素[2]。而在我国,汉代司马光在《资治通鉴·周纪一》中提出"才者,德之资也;德者,才之帅也",按照德才标准,将人才分为四类,即"才德全尽谓之圣人,才德兼亡谓之愚人,德胜才谓之君子,才胜德谓之小人"。这种观点在很长一段时间被世人认可。随着时代的发展和社会的进步,人才的内涵也在不断演化,从毛泽东的"又红又专,德才兼备",到邓小平的"尊重知识,尊重人才",再到

① 时建中.高质量法治建设保障高质量发展——学习党的二十大报告关于高质量发展与全面依法治国的体会[J].政法论坛,2022,40(06):3-10.
② 刘红梅.人才定义的演变与发展[J].教育教学论坛.2019(38):66-67.

习近平总书记的"科技是第一生产力、人才是第一资源、创新是第一动力",党中央对人才的价值与认识也在不断提升,世界各国竞相将增强人才竞争优势作为国家战略,谁拥有人才优势,谁就拥有竞争优势;谁能把人才优势转化为知识优势、科技优势、产业优势,谁就赢得国际竞争的主动权。

目前,我国对于人才概念的界定主要以《国家中长期人才发展规划纲要(2010—2020 年)》为依据,即人才是具有一定的专业知识或专门技能,进行创造性劳动并对社会作出贡献的人,是人力资源中能力和素质较高的劳动者[1]。

四、人才吸引力

人才吸引力也就是吸引人才的能力,它是一个地区或是国家所具备的吸引人才的能力,即能够促使人才在某地长期工作或居留意愿的能力[2][3]。从宏观上来看,人才吸引力代表着一个地区的综合发展环境,人才吸引力越强,人才引进也就越容易,人才也就越不容易流失。从微观层面来看,人才吸引力也是区域内满足人们各种需要的综合载体。个人前景预期、经济驱动、社会关系,甚至是个人所特有的人生观、价值观等方面,都会在不同程度上影响区域内人才的吸引力,人才是否被吸引,是区域给人才正负效应的总反馈。同时,人才吸引力本身也具有一定的双重性,它不仅是由内对外的吸引,即能引得进,同时也是对于地区内部既有人才的吸引,即能留得住。

当前学术界对于人才吸引力的概念界定比较一致,主要体现在某一区域内经济、社会、文化、环境、居住、基础设施上,并且是在教育和住房、户籍与其他各要素共同发挥作用进而产生的综合反映。在当前高质量发展的时代背景下,人才已然成为社会高质量发展的关键因素。怎样吸引人才、留住人才,已经成为现今各地域乃至各国最主要的发展规划。而随着我国高质量发展的时代性要求,

① 《国家中长期人才发展规划纲要(2010—2020 年)》[M].北京:人民出版社,2010,1.
② 吴田,荆林波.哲学社会科学人才高地吸引力评价维度探析[J].探索与争鸣,2023(11):144 – 153 + 195.
③ 崔少泽,邱华昕,王苏桐.城市人才吸引力评价模型研究——以深圳市为例[J].科研管理,2021, 42(07):60 – 67.

对人才资源开发也提出了新要求。人才吸引力已成为当今区域重大发展规划的一部分,"抢人大战"将成为未来长远并具有深远意义的重大策略。因此,本文基于新时代高质量发展的时代背景下,研究高校财政支出对于人才吸引力的影响,从而促进区域城市的快速发展。

第二节　理论基础

一、财政分权理论

所谓财政分权是指中央政府将包括事权和财权在内的公共权力,按一定的原则和比例配置给地方政府,以达到一定的行政管理目的而进行的事和钱的配置。无论是发达国家还是发展中国家,财政分权化的趋势越发明显,分权的意义在于优化资源配置,从而提高资源的有效利用水平,对于我国高等教育财政支出而言,稳定的财政支持有利于促进高等教育体系的有序发展,从而实现人才的聚集,而财政分权能够有的放矢地引导地方政府增加对教育体系的投资,从而有利于社会"公平"。而均等化地实现可以较为全面系统地促进财政分权作用,有利于构建科学合理的财政分权制度,扩大教育财政的供给,促进对人才的吸引力度。

财政分权最早出现在美国经济学家查尔斯·蒂鲍特(Charles Tiebout)1956年发表的《地方财政支出的纯理论》一文中,蒂鲍特认为人们通过在社区间的充分流动,选择公共产品与税收的组合使自己效用最大化的社区政府,从而实现帕累托最优,达到社会福利的最大化,这即著名的"以脚投票"理论。随着乔治·施蒂格勒(George Joseph Stigler)地方政府存在的合理性和必要性探索、理查德·马斯格雷夫(Richard Abel Musgrave)财政分税制思想的提出,逐渐形成了财政分权理论[①]。1972 年,瓦勒斯·奥茨(Wallace E. Oates)在其著作《An Essay on Fiscal Federalism》中首次提出财政分权理论[②]。该理论主张在一个多层次政府体系中,各级政府应当分工合作,根据自己的职能和地区特点来配置资源,以实现公共服务的有效供给。该理论强调的是政府与政府间竞争、政府与市场之间的边界以及中央与地方政府之间的财政关系。然而,新一代财政分权理论汲取了微观经济学的最新研究成果,将激励相容与机制设计的理念融入其分析框架之中。该理论以罗纳德·麦金农教授、钱颖一与拉尔·罗兰、巴里·温格斯特及怀尔德森等人的学术著作为代表,其指出,传统分权理论仅从地方政府的信息优势角度出发,阐述了分权所带来的益处,却未能充分阐释分权的内在机制。政府并非无所不能的救世者,政府官员同样有着个人的物质利益诉求,若缺乏有效制约,便可能在政治决策过程中寻求租金。因此,一个高效的政府架构应当确保政府官员与地方居民福利之间达到激励相容的状态。

在我国,傅勇和张晏[③]首先提出"中国式财政分权",其核心内涵是经济分权与垂直政治管理体制并存,它不同于西方的财政分权体制,有着自己独特的特征:一方面表现为"中国式财政分权"属于"行政性一致同意"型财政分权模式[④]。换而言之,在中国的财税改革中,中央政府起着决定性作用。另一方面,中国式财政分权是中央政治集权下的经济分权。西方国家一部分官员的任命是由辖区选民的"用脚投票"机制所决定,即"向下负责";而中国政府官员的任命是由各级政府通过人事任免考核决定的,即"向上负责"。因此,中国式财政分权是一种政治集权与经济分权相结合的分权体制。经济分权使地方政府获得一定的经济自主权,促使地方政府作为理性经济人而寻求利益最大化,二者相互作用极大地

---

① Tiebout C M. A Pure Theory of Local Expenditures[J]. *Journal of Political Economy*, 1956, 64(5): 416–424.

② Wallace E. Oates. An Essay on Fiscal Federalism[J]. *Journal of Economic Literature*. 1999, 37(3): 1120–1149.

③ 傅勇,张晏. 中国式分权与财政支出结构偏向:为增长而竞争的代价[J]. 管理世界,2007(3):4–12+22.

④ 马万里. 中国式财政分权:一个扩展的分析框架[J]. 当代财经,2015(3):24–33.

刺激了地方经济的发展。此外,"中国式财政分权"改革过程是中央主导的"自上而下"的强制性制度变迁,同时,中国地方政府受中央政府主导和掌控,财政制度改革过程是"自下而上"的强制性制度变迁。而地方政府则在既定的财政体制内通过博弈、竞争等方式实现其利益最大化。

财政分权将政府间的财政权力划分为中央与地方政府,使得各级政府能够根据自己的职能和地区特点来配置资源。然而,财政分权可能导致基本教育经费投入不均等。因此,财力统筹理论倡导在保持财政分权体制的基础上,通过政府间的财力调节来实现教育经费投入的均等化。财政分权理论对基本公共服务均等化的作用表现在,它为地方政府提供了更多的自主权,使其能够根据本地区的实际情况提供更加切合需求的教育经费。但同时,财政分权也可能导致财政能力较弱的地方政府在教育供给方面出现困难。因此,财力统筹在吸收财政分权理论优点的基础上,需要通过政府间的财力调节来弥补不足,实现教育资源的均等化。

二、人力资本理论

人力资本理论起源于 18 世纪,是由著名的古典经济学派代表亚当·斯密首先注意到人力资本问题。在 1766 年出版的《国富论》中亚当·斯密初步提出了人力资本的思想,其认识到人的能力主要是在后天实践和开发中得到,人的天赋和才能主要是后天分工形成的习惯、风俗以及教育的结果。同时,还明确把人通过教育而获得的生产技能归入资本,从而在实际上提出了人力资本概念[①]。人力资本理论盛行于 20 世纪 60 年代,以舒尔茨(Schultz)为代表,对人力资本的特征及人力资本投资相关理论进行了探讨[②]。人力资本内容包括健康、教育、劳动技能和劳动力流动等方面。雅可比·明瑟(Jacob Mincer)首次尝试建立收入与受培训量之间的量化模型,并用收益函数解释收入差别与受教育长短的关系[③]。现

---

① 亚当·斯密.国民财富的性质和原因的研究[M].北京:商务印书馆,1988.

② Schultz T. W. Investment in human capital[J]. *American Economic Review*,1961,51(1):1 – 17.

③ Mincer J. *Schooling,Experience and Earnings*[M]. Columbia University Press,1974:41 – 63.

已发展到由赫克曼创立的第三代人力资本理论(或称新人力资本理论),它是建立在更全面系统基础上的人力资本理论。赫克曼从微观的个体人力资本投资分析入手,建立了基于生命周期分析的人力资本投资理论框架,不仅包括传统的认知能力,也包括非认知能力[①]。人力资本积累是家庭、学校、社会共同作用的动态过程,投资人力资本的形式有健康投资、教育投资、迁移和流动投资。其中比较重要的是教育投资,其作为提高劳动力质量的生产性投资,对个体能力增长具有促进作用,并且向主体所在的家庭、企业和社会辐射的回报率高于物质资本的投资回报率,被视作人力资本投资的核心。

具体而言,教育通过丰富知识和提高能力两种途径来实现其积累人力资本价值。在知识积累方面,教育可以提供获取知识的途径,直接增加受教育者知识积累存量。尤其是学校教育,为学生创造获取知识的集中场域,通过教育者向受教育者系统传授知识的教育形式,把人类长期积累的知识和经验有目的、有选择地传递。通过积累和运用知识解决现实问题,将人力资本从潜在形式转化成显性力量。同时,教育过程中向受教育者传授获取知识的方式和方法,以及在这一过程中形成的思维方式,会形成长效的知识效应,对生命周期中各个阶段的知识获取和应用都具有长效影响。在能力提升方面,不论是学校教育还是各类培训,都能够在人力资本增量和提质上发挥作用。教育活动不仅可以促进劳动者的基础知识、专业知识和认知能力的提高,而且可以促进非认知能力的提高。非认知能力相对于认知能力而言,在生命周期中具有更强的延展性[②]。

人力资本理论突破了传统理论中资本分类的局限性,强调资本不仅有物质资本还有人力资本,该理论认为凝结或体现在人身上的资本都可以称为"人力资本"。美国芝加哥学派的经济学家西奥多认为人力资本是指"凝结在劳动者身上的,后天习得的,具有经济价值的体力、知识、健康、技能和能力"[③]。在当今社会,

---

① 杜育红. 人力资本理论:演变过程与未来发展[J]. 北京大学教育评论,2020(01):90-100.
② 林笑夷. 教育防返贫实践体系及优化策略研究[D]. 重庆:西南大学,2023.
③ 李永春,刘天子. 人力资本理论的发展及其公共教育政策的呈现[J]. 教育与经济,2022,38(3):73-80.

特别是在"知识经济"背景下,对于国家和地方而言都是以"人力资本"为主的。由于它对实物资本的输入和输出有直接的影响,所以,在地方的人才吸引力运作中,必须重视对其进行的投资,以使其更好地发挥其效益。要指出的是,不能只将注意力集中在对人才吸引的单方面投资和积累上,要让具有不同技术能力的人力资本充分利用自身优势,实现对人才的"因材分配",从而使人力资本的累计投入和产出效率的均衡、稳定增长。相对于较少的人力资本,高的人力资本能够为地方创造更多的经济利益。因此,本研究分析高等教育财政支出对人才吸引力影响,在探究高等教育财政支出逻辑的同时,分析对人才吸引力的影响,以提高人才的素质与价值,从而增强地方的竞争力。

三、博弈论

博弈论是一种策略选择理论,也叫对策论,它是研究理性决策者之间战略互动的数学模型,也是研究具有斗争或竞争性质现象的理论和方法,其历史可追溯到学者 Cournot 于 1883 年所发表的 *Researchs into the Mathematical Principle of the Theory of Wealth*[①]。直到 Neumann 与 Morgenestern[②] 在 1944 年发表的 *Theory of Games and Economic Behavior* 受到人们的广泛认可后,博弈理论才正式建立。20世纪 40 年代后期,合作博弈理论出现,它用于分析存在合作关系参与者的策略选择。1951 年 Nash 均衡概念的提出促进并加速了非合作博弈理论的发展[③]。如今,博弈论已作为一种重要的工具被广泛应用于管理学、军事学、生物科学、社会科学、计算机科学等众多学科领域。博弈论的基本要素包括参与者、行动、策略、信息、收益和均衡[④][⑤]。参与者,也称博弈方,是一个博弈中的决策者,每个参与者都有可选的博弈策略和一个给定的指标函数,参与者通过选择合适的博弈策略

① Augustin A. Cournot. *Researches into the Mathematical Principle of the Theory of Wealth*[M]. London: Macmillan Company,1883.

② J. V. Neumann and O. Morgenstern. *Theory of Games and Economic Behavior*[M]. Princeton:Princeton University,1944.

③ J. Nash. Non-cooperative games[J]. Annals ol mathematics,1951,54(2):286 – 295.

④ 张维迎,博弈论与信息经济学[M].上海:人民出版社,1996.

⑤ 张嗣瀛,微分对策[M].北京:科学出版社,1987.

来优化自己的指标。行动是参与者在博弈的某个时刻的决策变量。策略是指博弈过程中参与者选择的内容和方法,不同的参与人选择的博弈策略不同,参与者可以采取的所有策略集合称为容许策略集。信息是和参与者有关的博弈知识,特别是有关"自然"的选择、其他参与者的特征和行动的知识。收益是在一个特定的策略组合下参与者所得到的效用或成本。均衡是指博弈中所有参与人选取的最佳策略所组成的一个策略组合。

一般来说,博弈根据不同性质,可分为合作与非合博弈、对称与不对称博弈、零和与非零和博弈、同时与序贯博弈、完美信息与非完美信息博弈等[①]。具体而言,合作博弈与非合作博弈的核心区别在于,参与者之间是否存在具有约束力的协议。若存在此类协议,则视为合作博弈;反之,则归为非合作博弈。从参与者行动的时间序列维度考察,博弈可划分为静态与动态两类。静态博弈指的是参与者或同时做出选择,或虽不同时但后续行动者对先行者的具体行动并不知情;而动态博弈则涉及参与者行动的先后顺序,且后续行动者能够观察到先行者的行动选择,诸如棋牌类游戏等需依次决策的情境即属此类。进一步根据参与者对其他参与者信息的掌握程度,博弈又可区分为完全信息与不完全信息两种类型。在完全信息博弈中,每位参与者均对其他参与者的特征、策略集及收益结构有确切了解;而在不完全信息博弈中,参与者对这些信息的掌握则不够完整或并非对所有参与者都了如指掌。在当前,经济学家所讨论的博弈论主要聚焦于非合作博弈,该领域进一步细分为四种类型:完全信息静态博弈、完全信息动态博弈、不完全信息静态博弈以及不完全信息动态博弈。与这四种博弈类型相对应的均衡状态分别为:纳什均衡、子博弈精炼纳什均衡、贝叶斯纳什均衡以及精炼贝叶斯均衡。

四、区域经济理论

区域经济是指区域内经济的内外因素相互作用、相互影响而构建的生产综

---

① 王强.纳什均衡点的随机搜索问题研究[D].南京:东南大学,2017.

合体。自1826年德国经济学家杜能在《孤立国对于农业及国民经济之关系》一书中提出农业区位论以来,韦伯的工业区位论、胡佛的运输区位论等相继提出。由于不同的理论对于区域内资源配置的重点和布局主张不同,以及对资源配置方式选择不同,形成了不同的理论派别,经历了不同的发展阶段。

从20世纪80年代以来,世界经济呈现出区域化、集团化、一体化的趋势,与此同时,区域经济学研究也出现了一些新的特征。依据研究方法、分析工具和理论体系上的差别,区域经济学逐步分化形成了不同的理论流派,具体而言:

新经济地理学派,克鲁格曼、藤田等[1][2]学者为代表将不完全竞争模型引入区域经济的分析,其理论基石建立在三个经济学命题之上:首先是收益递增,即经济活动通过区域集中而形成的,集中是规模经济的反映,其规模优势远远大于某一个部门或产业的集中优势;其次是不完全竞争,由于不完全竞争的存在,当某个地区的制造业发展起来之后,形成了具有集聚效应的工业地区,而另一个地区则仍处于农业地区,两者的优势被"锁定",从而形成"中心区与外围区的关系"。最后为运输成本,即区域经济活动要追求运输成本的最小化。

新制度学派,或称"区域政策"学派,其研究的中心是将制度要素引入到区域分析当中,研究政府及其体制对区域发展的影响,并通过制定相应的区域政策,协调区域发展[3]。约翰·弗里德曼认为,区域经济政策处理的是区位方面的问题,研究经济发展"在什么地方",它反映了在国家层次上处理区域问题的要求。新制度学派认为区域经济政策的主要目标包括:提高区域内现有资源的利用水平;更有效地在区内各种用途间分配资源,实现空间资源配置的优化;实现区域内最佳增长;在区域间有效地再分配生产要素,而且认为区域经济政策制订时必须依据不同的区域和不同区域的发达程度作出合理的选择。

① 丁煌,卫劭华.博弈论在政策执行研究中的应用:研究回顾与前景展望[J].政治学研究,2024(01):140-152+308.

② 陈秀莲.泛珠三角国际旅游产业结构实证分析——基于次区域理论和灰色关联度的探讨[J].国际经贸探索,2007(07):39-43.

③ 白永秀,任保平.区域经济理论的演化及其发展趋势[J].经济评论,2007(01):124-130.

区域管理学派,它是区域经济与管理学相结合而成的一个新学派,为区域经济学从理论到应用,起着一个桥梁的作用①。区域管理理论由三部分内容组成:一是区域经济发展管理。在公平竞争的前提下,通过对区域内经济资源的有效协调,使区域经济能够健康有效的发展。二是区域人口管理。区域人力资源开发是近年来颇受重视的一个区域发展的题目。在知识经济时代,人力资源是区域竞争力形成的决定性因素,区域经济的发展状况在很大程度上取决于这个区域人口教育水平、科技开发能力和技术创新精神。三是区域环境管理。这一理论认为区域环境管理主要是对区域的水资源、土地资源、大气污染、噪声及废弃物污染等进行管理,体现了区域可持续发展的思想。

综上,区域经济理论作为研究生产资源在一定空间(区域)优化配置和组合,以获得最大产出的学说,是专门研究特定空间范围内(特定区域内)如何优化配置生产资源,从而获得经济效益最大化的理论。其发展模式通常划分为梯度推进发展模式、点轴渐进发展模式、网状交织发展模式、城市圈经济发展模式、区域经济协调发展模式②。

① 孙久文,叶裕民,林勇."全国区域经济学学科发展研讨会"综述[J].教学与研究,2003(01):76 - 78.

② 郑绍.柑橘产业集群化发展战略的研究[D].湖北:湖北工业大学,2016.

第三章　改革开放以来我国人才政策演变与分析

早在《汉书·董仲舒传》中便已提出"国家之兴,在于人才;国家之衰,在于庸人"。作为推动我国历史前进的杠杆,人才的作用与国家的兴衰密切相关。为吸引、留住人才,各地都亮出了自己的"绝招""大招",出台了各具特点的政策、措施和办法,如山西大同的"双十六条"人才政策(2024)、吉安市的"人才新政30条"(2024)、济南市人才政策"双30条"(2024版)、哈尔滨人才新政30条(2023)、南京"人才强市25条"(2023)、黑龙江人才振兴60条(2022)、河北秦皇岛人才新政25条(2022)、南宁"新时代人才23条"(2022),可见各地在人才问题上都卯足了劲、打出了"组合拳"。政策作为国家和政府意志的体现,是研究人才的重要载体,因此有必要对我国人才政策进行分析。

第一节　改革开放以来我国人才政策演变历程

十年"文革"动乱,给党和国家事业造成了巨大损失,导致我国的科技教育事业遭到严重摧残。邓小平再次复出后,加快拨乱反正步伐,将科技教育作为正本清源的突破口。1978年党的十一届三中全会的召开,揭开了党和国家历史的新篇章,是中华人民共和国成立以来我党历史上具有深远意义的伟大转折。从此,我国走上了改革开放的道路,经济、社会、文化发生了翻天覆地的变化。科技水平和人才队伍建设成为搞好社会主义现代化建设的关键。从"科学技术是生产力"到"建设创新型国家",从"尊重知识、尊重人才"到"尊重劳动、尊重知识、尊重人才、尊重创造",我国人才制度不断得到发展,人才效果不断显现。

以"人才""人才发展""人才引进"等为关键词,通过北大法宝 App 检索从1978 年到 2024 年 6 月的人才政策,结果显示,在这 46 年间,我国共出台 25910份人才政策,现仍有效的为 25831 份,其中国家层面为 1853 份政策,其发布机构与政策类型分布如表 1、表 2 所列。国家层面政策颁布以国务院各机构为主体,政策颁布类型以条例部令为主。

表1 我国国家层面人才政策发布机关分布一览表

发布机关	政策数量/份
国务院	4
最高人民法院、最高人民检察院	6
国务院各机构	1263
中央军事委员会	5
党中央部门机构	60
其他机构	625

注:其他机构均是除国务院各下属部门外,包括国家留学基金管理委员会、全国工商联等其他社会各部门独立发布的与自己行业有关的人才政策。

表2 我国国家层面人才政策类型分布一览表

政策类型	政策数量/份
全国人民代表大会及其常务委员会颁布的法律(简称法律)	0
国务院颁布的条例、部门的部令(简称条例部令)	1164
国务院颁布暂行条例、意见、规划,各部门条例、规定(简称暂行规定)	14
各部门的意见、规划、纲要、决定、办法(简称办法)	289
通知、公告等	386

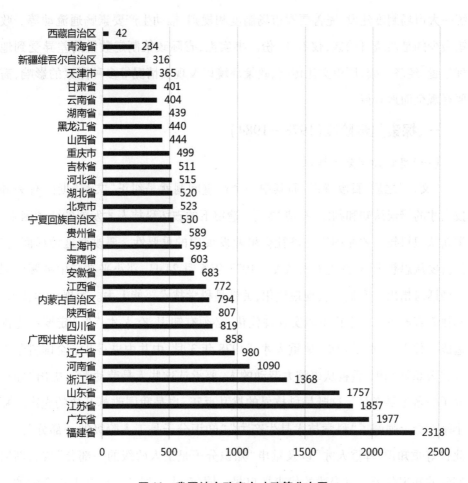

图 11　我国地方政府人才政策分布图

　　如图 11 所示，人才政策地域差异较大，政策制定最多的是福建省，为 2318 份。作为对外开放的重要门户，福建省位于中国东南沿海地区，与台湾隔海相望，能够吸引大量的国内外投资，对此，政府也需要推出一系列促进经济发展和民生改善的人才政策。同时，福建省一直是政策创新的先行先试区，敢于大胆创新，勇于尝试，这些促进了政策制定的活跃性。广东省位列第 2，出台了 1977 份，广东省作为中国经济最发达的省份之一，拥有众多市场主体。随着经济的快速发展，政府需要不断出台新的人才政策以应对各种经济和社会问题，如推进全国统一大市场制度建设、完善要素市场制度和规则、推动生产要素畅通流动等。政策最少的是西藏自治区,仅有42份。事实上,省际政策制定数量的差异受到地理位置、经济基础、历史文化传统、政策环境以及现实情况等多种因素的影响,需要客观全面地看待。

一、探索起步阶段(1978—1984)

(一)确认知识分子地位

"文革"之后,百废待兴,而其中一个严重问题就是纠正"文革"期间有关科技人才的错误认知和判定,扫清"文革"遗留下的破坏科技人才发展的瓶颈因素,重新认识科技人才在国家经济社会事业发展中的重要性。要改变这种局面,首先就要从思想上、观念上有所改变。1977年5月24日,邓小平在与中央两位同志谈话时指出:"我们要实现现代化,关键是科学技术要能上去。发展科学技术,不抓教育不行。靠空讲不能实现现代化,必须有知识,有人才。""一定要在党内造成一种空气:尊重知识,尊重人才。"1978年3月,中共中央召开了全国科学大会,"要重视知识,重视从事脑力劳动的人,要承认这些人是劳动者",提出"知识分子的名誉要恢复",这既是科界界的拨乱反正,也是我国改革开放的先声。邓小平在会上强调了"科学技术是生产力""知识分子是工人阶级的一部分"。至此,"尊重知识、尊重人才"以及重申"知识分子是工人阶级的一部分"成为新时期党的知识分子政策表述的代表性口号。同年,十一届三中全会上将全党的工作重点和全国人民的注意力也转移到社会主义现代化建设上,确定了以经济建设为中心的改革开放,伴随而来的是对人才需求猛增。

1982年7月26日,在同国家计委负责人谈"六五"计划和长期规划问题时,邓小平认为"我们要开一条路出来,让有才能的人很快成长,不要老把人才卡住。人才不断涌现,我们的事业才有希望"。1984年《关于经济体制改革的决定》中提出"起用一代新人,造就一支社会主义经济管理干部的宏大队伍"。思想上的解放,推动了人才队伍建设的步伐。人才问题成了影响社会经济文化发展的关键因素。

（二）实施人才培养制度

恢复和建立科技人才的培养制度,补足科技人才数量和质量上的短板,切实解决高科技人才严重不足,是"文革"后摆在国家领导人面前的急迫问题。对此,1977 年 10 月 12 日,国务院审批并转发了教育部《关于 1977 年高等学校招生工作的意见》和《关于高等学校招收研究生的意见》,恢复间隔十年之久的高等学校招生考试制度,当年全国 570 万考生走进考场,最终 27.3 万名新生踏入大学校园。1978 年 1 月,教育部又发布了《关于高等学校 1978 年研究生招收工作安排意见》,决定将 1977、1978 两年研究生的招生工作合并进行,一次报名、同时考试、一起入学,统称为 1978 届研究生,这次考试共有 63500 人报考,经考试,共有210 所高校、162 所研究机构共录取研究生 10708 人。正是以恢复高考为先导,高等教育才得以迅速恢复,1980 年 2 月《中华人民共和国学位条例》出台,1981 年开始又先后在京、津、沪三市和辽宁省试点,并于 1983 年在全国推广。

1981 年 11 月 23 日,教育部下达《关于做好 1981 年攻读博士学位研究生招生工作的通知》,决定"开始招收博士生"。11 月 26 日,国务院批准全国首批博士学位授予单位 151 个。1982 年 7 月,教育部印发了《关于招收攻读博士学位研究生的暂行规定》,为规范管理博士研究生工作提供依据和指南。

（三）建立激励保障机制

职称制度作为激励专业技术人才的重要手段,是加强人才队伍建设的重要方式。拨乱反正后,恢复职称问题成为一项重要激励措施。1977 年 9 月 18 日,《中共中央关于召开全国科学大会的通知》中明确指出:"应恢复技术职称,建立考核制度,实行技术岗位责任制",这标志着我国职称制度建设的重启。1978 年3 月,国务院批转了教育部《关于高等学校恢复和提升教师职务问题的请示报告》,要求正式恢复执行国务院颁发的《关于高等学校教师职务名称及其确定与提升办法的暂行规定》(1960),之后《卫生技术人员职称及晋升条例(试行)》(1979)、《工程技术人员技术职称暂行规定》(1979)、《关于确定和晋升科技管理干部技术职称的意见》(1980)等相关职称评审指导意见相继出台。截至 1983 年9 月,全国共有 595 万多名知识分子获得技术职称,这对落实党的知识分子政策,稳定和建设专业人才队伍,发掘和合理使用人才起到了至关重要的作用。

与此同时,为改变科学与技术的落后状况,尽快追赶世界先进水平,1978 年 10 月,中共中央正式转发了《1978—1985 年全国科学技术发展规划纲要》(简称八年规划纲要),提出了"部分重要的科学技术领域接近或达到七十年代的世界先进水平;专业科学研究人员达到八十万人;拥有一批现代化的科学实验基地;建成全国科学技术研究体系"的奋斗目标,明确了要"大力发展高等教育,广开才路,加速培养科学技术人才""建立科学技术人员的职称、岗位责任制和进修、考核等制度"。11 月,中组部在《关于落实党的知识分子政策的几点意见》明确提出对知识分子要"充分信任,放手使用,做到有职有权有责",并要求逐步改善科技人才的工作和生活条件。

1981 年 4 月,中共中央办公厅、国务院办公厅发布《科学技术干部管理工作试行条例》,搭建了科技人员的管理制度,对其分配使用、培养教育、考核、晋升、奖惩和管理等均作出了具体规定。

1982 年 1 月,为激励有突出贡献的中青年专家,经国务院批准,中国科学院自然科学基金正式启动,这一制度的设立使得许多中青年科技人才获得了重要的科研资助,取得了显著的科研成果,极大地推动了我国的科技进步和创新发展。同时,《关于经济体制改革的决定》(1984)中提出"采取有力措施提高知识分子的社会地位,改善知识分子的工作条件和生活待遇"。应该说这些政策的实施为人才的成长提供了良好的环境与氛围,激发了他们的创造热情和工作动力。

二、确立与发展阶段(1985—2000)

(一)改革科技与教育体制

伴随着经济体制改革的展开,1985 年 3 月,中共中央下发了《关于科学技术体制改革的决定》,它以改革拨款制度、开拓技术市场为突破口,引导科技工作面向经济建设主战场。文中提出"科学技术人员是新的生产力的开拓者。必须造就千百万有社会主义觉悟、掌握现代科学技术知识和技能的科学技术队伍,并充分发挥他们的作用""对基础研究和部分应用研究工作,逐步试行科学基金制"

"设立国家自然科学基金会和其他科学技术基金会"。改革主要围绕三个方面：一是转变运行机制，主要是改革拨款制度、开拓技术市场；二是调整科学技术系统的组织结构，通过加强企业的技术吸收与开发能力和技术成果转化为生产能力的中间环节，达到促进研究机构、设计机构、高等院校、企业之间的协作和联合的目的，还包括扩大研究机构自主权，研究所实行所长负责制等；三是改革科技人员人事制度，采取放手使用中青年科技骨干，选拔具有开拓精神的科技人员担任领导职务等政策。

1987年1月，国务院颁布《关于进一步推进科技体制改革的若干决定》，在进一步放活科研机构，改革科技人员管理制度，放宽放活科技人员政策、促进科技与经济结合方面提出了具体措施。

1988年1月18日，国务院办公厅转发《国家科委关于科技人员业余兼职若干问题意见》，提出科技人员在完成本职工作的前提下，可以到其他单位兼职。5月，国务院出台《关于深化科技体制改革若干问题的决定》，提出"要充分发挥现有科技人员的作用""促进人才合理流动"，这是科技体制改革工作在认识和实践上的一次飞跃。

1995年5月6日，中共中央、国务院颁布了《关于加速科学技术进步的决定》，明确"科学技术是第一生产力，是经济和社会发展的首要推动力量，是国家强盛的决定性因素"，首次提出在全国实施"科教兴国"的战略。同月，为全面部署落实这一决定，党中央、国务院再次召开全国科学技术大会。

与此同时，教育体制方面的改革也在稳步推进。1985年5月，中央作出了《关于教育体制改革的决定》，提出有步骤地实行九年制义务教育，大力发展职业技术教育，改革高等学校的招生计划和毕业生分配制度，扩大高等学校办学自主权。1988年3月，国务院颁布了《高等教育自学考试暂行条例》，这一行政法规为自学考试的发展提供了法律保障，标志着高等教育自学考试已经正式成为我国的一项基本教育制度。1998年8月，《中华人民共和国高等教育法》颁布，作为我国颁布的第一部教育法律，不仅有利于保障高等教育事业的健康发展，而且也是落实科教兴国战略的重要举措和保障。

（二）改革聘用与流动制度

自 1983 年 9 月,中央暂停全国职称评定工作以来,经过三年整顿,1986 年 1 月 3 日,中央召开了职称改革工作会议,决定成立中央职称改革领导小组;1 月 24 日,中共中央、国务院转发了《关于改革职称评定、实行专业技术职务聘任制度的报告》;2 月 18 日,国务院颁布了《关于实行专业技术职务聘任制度的规定》, 这就是我们俗称的"职改",即由职称评定改为职称聘任,明确提出:"专业技术职务的聘任或任命都不是终身的,应有一定的任期,每一任期一般不超过五年。如工作需要,可以连聘连任。"应该说这是推动我国专业技术人员管理体制的一次重大改革,也是科技体制改革的一个重要组成部分。同年 3 月,中央职称改革工作领导小组转发了卫生部的《卫生技术人员职务试行条例》。

为完善专业技术职务聘任制度,使评聘专业技术职务转入经常性工作,1990 年 11 月,人事部下发了《企事业单位评聘专业技术职务若干问题暂行规定》,该规定更为详细、具体、全面,对企事业单位评聘专业技术职务具有很强的实际指导作用。之后,农业部下发了《农民技术人员职称评定与晋升暂行规定》(1991); 《关于民营科技企业人员评定专业技术职称(资格)有关问题的通知》(1995),分别将农民技术人员和民营科技企业人员纳入到职称评定范围。2000 年 7 月,中共中央组织部、人事部联合下发《关于加快推进事业单位人事制度改革的意见》, 其中提出:"坚持按照岗位要求择优聘用,逐步实现专业技术职务的聘任与岗位聘用的统一。"

另一方面,促进合理的人才流动,也是激发人才活力的重要方式。虽然,实施了经济体制改革,但科技人才难以流动、积压、使用不当的问题仍尤为突出,为进一步解决科技人才合理流动的问题,1986 年 7 月,国务院发布了《关于促进科技人员合理流动的通知》,提出在优先保证国家重点建设工程和重大科研项目人才需要的前提下,应当鼓励科技人员到工农业生产第一线,支援中小企业和集体企业。1992 年 8 月,国家科委和国家体改委联合发布了《关于分流人才、调整结构、进一步深化科技体制改革的若干意见》,开启了科研机构转制和人才分流工作。1994 年 8 月,中共中央组织部、人事部出台《加快培育和发展我国人才市场的意见》,该意见对引导我国人才市场创新发展,实施人才强国战略,在更大程度上发挥市场在人才资源配置中的基础性作用具有重要意义。

(三)改革人才培养与培育

培养和造就高层次青年科技人才一直是党和国家关注的焦点。1985 年 3 月,在全国科技工作会议上邓小平再次重申:"改革经济体制,最重要的、我最关心的,是人才。改革科技体制,我最关心的,还是人才。"为吸引、培养和使用高层次优秀人才,1985 年 7 月,经国务院批准,国家科委、原教育部、中科院开始试办博士后流动站。作为人才开发的一项重要措施,这对于加快培养社会主义现代化建设需要的高级专门人才,加强学术交流,增强科研、教学队伍的活力,具有积极意义①。

1986 年 5 月 4 日,为破解学用脱节、思想政治工作薄弱以及有些留学人员回国后未能充分发挥作用等问题,中共中央、国务院出台了《关于改进和加强出国留学人员工作若干问题的通知》。

"科教兴国"战略的关键在于人才,尤其是优秀的学术带头人,这就需要尽快选择和培养优秀的学术带头人。对此,1995 年 6 月,国务院办公厅转发了人事部、国家科委、国家教委、财政部《关于培养跨世纪学术和技术带头人的意见》,之后先后实施了"政府特殊津贴专家"(1990)、"国家杰出青年科学基金"(1994)、"百千万人才工程"(1995)、"长江学者"(1998)等人才培养选拔体系。

三、深入推进阶段(2001—2012)

(一)实施人才强国战略

面对激烈的国际竞争,党和国家高度重视人才,将人才作为第一资源,有序部署,不断推进人才政策走深走实。2001 年的《国民经济和社会发展第十个五年计划纲要》专章提出"实施人才战略壮大人才队伍",这标志着我国人才资源开发和人才队伍建设工作进入了一个新阶段。

---

① 国务院批转国家科学、教育部、中国科学院关于试办博士后科研流动站的报告的通知(国发〔1985〕88 号)

2002 年 5 月,中共中央办公厅、国务院办公厅印发《2002—2005 年全国人才队伍建设规划纲要》,首度提出"实施人才强国战略"。11 月,党的十六大明确提出"必须尊重劳动、尊重知识、尊重人才、尊重创造,这要作为党和国家的一项重大方针在全社会认真贯彻"。

2003 年 12 月,中央召开第一次全国人才工作会议,通过《中共中央、国务院关于进一步加强人才工作的决定》,对大力实施人才强国战略、建设宏大的高素质人才队伍作出部署,提出新的历史条件下人才工作的指导思想、根本任务和政策措施,强调大力实施人才强国战略是新世纪、新阶段人才工作的根本任务。

2006 年 2 月,《国家中长期科学和技术发展规划纲要(2006—2020 年)》及《实施〈国家中长期科学和技术发展规划纲要(2006—2020 年)〉的若干配套政策》发布,这标志着科技体制改革及人才政策进入深化推进阶段,为人才强国战略的实施创造了条件。同年,中共中央办公厅、国务院办公厅《关于进一步加强高技能人才工作的意见》、劳动和社会保障部《关于进一步加强高技能人才评价工作的通知》先后出台,为技能人才培育提供了依据和指导。

2007 年,党的十七大将人才强国战略与科教兴国战略、可持续发展战略确立为经济社会发展的三大国家战略,并写进了党章。十七大报告首次提出造就世界一流科学家和科技领军人才;首次提出推动我国哲学社会科学优秀人才走向世界;首次提出注重培养一线创新人才;首次从统筹人才发展的高度,强调抓好以高层次人才和高技能人才为重点的各类人才队伍建设。

2010 年 5 月,党中央、国务院召开了第二次全国人才工作会议,会上提出"人才资源是第一资源,人才问题是关系党和国家事业发展的关键问题,人才工作在党和国家工作全局中具有十分重要的地位"。6 月,《国家中长期人才发展规划纲要(2010—2020 年)》出台,"确立在经济社会发展中人才优先发展的战略布局,充分发挥人才的基础性、战略性作用,做到人才资源优先开发、人才结构优先调整、人才投资优先保证、人才制度优先创新"。至此,我国人才工作开始迈入一个以增强和提升为主要特征的新阶段。

（二）深化人才培养机制

为更好地实施人才强国战略,2003 年 6 月,中央成立了由中组部、人事部、财政部、教育部、农业部、劳动和社会保障部、国务院西部办（国务院西部地区开发领导小组办公室）、国资委、外国专家局等 13 个部委组成的人才工作协调小组,这为提高人才工作科学化水平提供了组织保障和协作联动空间。

2010 年 7 月 13 日至 14 日,全国教育工作会议宣告了未来 10 年我国教育改革与发展的战略目标,即到 2020 年,基本实现教育现代化,基本形成学习型社会,进入人力资源强国行列。发布了《国家中长期教育改革和发展规划纲要（2010—2020 年）》（以下简称《教育规划纲要》）,明确了"优先发展,育人为本,改革创新,促进公平,提高质量"的工作方针。强调要通过改革创新体制机制,保证高等教育事业科学发展,包括深化管理体制改革,推进现代大学制度建设;创新办学体制机制,多元增加高等教育投入;扩大对外开放合作,推进优质教育资源共享等。

2010 年 10 月,科技部、人力资源和社会保障部、财政部等 7 个单位共同颁布了《创新人才推进计划实施方案》,该方案旨在通过创新体制机制、优化政策环境、强化保障措施,培养和造就一批具有世界水平的科学家、高水平的科技领军人才和工程师、优秀创新团队和创业人才。

为统筹国内国外两种人才资源,造就宏大的高层次创新创业人才队伍,2012 年 8 月,中组部、人社部等 11 个部门启动实施了《国家高层次人才特殊支持计划》。

（三）加大海外人才吸引

进入 21 世纪,吸引海外高层次人才成为国家推动人才队伍建设中的重中之重。2002 年 4 月,国务院办公厅转发《公安部外交部等部门关于为外国籍高层次人才和投资者提供入境及居留便利规定的通知》;11 月,国务院在《关于取消第一批行政审批项目的决定》中,简化了对大专以上学历人员自费出国留学的审批手续,并取消了已执行 13 年的自费出国留学培养费政策。通过简化程序,为海外高层次人才回国（来华）创造便利。

2003 年 10 月,党中央、国务院隆重召开了全国留学回国人员先进个人和先进工作单位表彰大会。为应对国际人才竞争,吸引高层次留学人才回国工作,2005 年 3 月,原人事部、教育部、科技部、财政部联合下发了《关于在留学人才引进工作中界定海外高层次留学人才的指导意见》,首次明确了海外高层次留学人才的范围;2007 年 2 月,原人事部、教育部、科技部、财政部等 16 个部委又联合印发《关于建立海外高层次人才回国工作"绿色通道"的意见》;2008 年 12,中共中央办公厅转发《中央人才工作协调小组关于实施海外高层次人才引进计划的意见》;2011 年 3 月,教育部、外交部下发《关于进一步做好在外留学人员工作的意见》,这些措施掀起了海外高层次人才的"归国潮"、来华创新创业潮。

进入 21 世纪,我国迎来史上最大"归国潮",年度留学回国人数 2003 年首次突破两万,2012 年达 27.29 万人。出国留学人数也持续增长,2012 年我国出国留学人数达 39.96 万人,其中国家公派 1.35 万人,单位公派 1.16 万人,自费留学 37.45 万人[①]。

四、全面创新治理阶段(2013 至今)

(一)进一步全面深化改革

2013 年 11 月,党的十八届三中全会审议通过了《中共中央关于全面深化改革若干重大问题的决定》,围绕经济、政治、文化、社会、生态文明、党建六大改革主线,提出了全面深化改革的指导思想、目标任务、重大原则,其中涉及"人才"16 处,认为应"建立集聚人才体制机制,择天下英才而用之"。

2016 年 3 月,中共中央《关于深化人才发展体制机制改革的意见》发布,该意见提出:要推进人才管理体制改革、改进人才培养支持机制、创新人才评价机制、健全人才顺畅流动机制、强化人才创新创业激励机制、构建具有国际竞争力的引才用才机制、建立人才优先发展保障机制、加强对人才工作的领导等重要措施,成为全国人才工作的重要指导性文件。7 月,为更好发挥人才在推动基层经济社

会发展中的重要作用,人力资源社会保障部下发《关于加强基层专业技术人才队
伍建设的意见》。12 月,国务院下发《关于深化职称制度改革的意见》,对原有职
称评价机制进行创新改进,以此重点解决制度体系不够健全、评价标准不够科
学、评价机制不够完善、管理服务不够规范配套等问题。

2020 年,习近平总书记在科学家座谈会上指出:人才是第一资源。国家科技
创新力的根本源泉在于人。十年树木,百年树人。要尊重人才成长规律和科研
活动自身规律,培养造就一批具有国际水平的战略科技人才、科技领军人才、创
新团队。

2021 年 9 月,习近平总书记在中央人才工作会议上发表重要讲话,他指出要
深入实施新时代人才强国战略,加快建设世界重要人才中心和创新高地。对此,
他从全面贯彻新时代人才工作新理念新战略新举措,加快建设世界人才中心和
创新高地,深化人才发展体制机制改革,加快建设国家战略人才力量,全方位培
养、引进、用好人才五个方面进行了阐述。

2022 年 10 月,党的二十大报告提出“教育、科技、人才是全面建设社会主义
现代化国家的基础性、战略性支撑”,强调要促进教育、科技、人才“三位一体”协
同融合发展。

2023 年 8 月,中共中央办公厅、国务院办公厅发布了《关于进一步加强培养
和使用青年科技人才的一些措施》,进一步改善制约青年科技人才成长的体制机
制,引导支持青年科技人才服务高质量发展。

2024 年 4 月 2 日,为发挥数字人才支撑数字经济的基础性作用,加快推动形
成新质生产力,为高质量发展赋能蓄力,人力资源社会保障部、中组部、中央网信
办等 9 部门联合下发了《加快数字人才培育支撑数字经济发展行动方案(2024—
2026 年)》。

2024 年 7 月 18 日,党的二十届三中全会审议通过了《中共中央关于进一步
全面深化改革 推进中国式现代化的决定》,决定紧紧围绕推进中国式现代化这
一主题,明确了进一步全面深化改革的指导思想、总目标、重大原则,是指导新征
程上进一步全面深化改革的纲领性文件,是新起点上推动全面深化改革向广度

和深度进军的行动指南。

（二）打造人才流动要素市场

人才的顺畅流动既是市场经济的客观要求，也是实现要素优化配置的前提。为打破阻碍人才流动的藩篱，促进人才有序流动，2013 年 3 月，人力资源和社会保障部下发了《关于加快推进人力资源市场整合的意见》，为全国范围内建立统一规范的人力资源市场进行部署。

2017 年 11 月，外专局、外交部、公安部印发了《外国人才签证制度实施办法》，为高层次人才来华创新创业和工作开辟"绿色通道"。

2018 年 6 月，国务院颁布《人力资源市场暂行条例》，这是改革开放以来第一部系统规范我国人力资源市场的行政法规，为推动人力资源领域新发展提供了法制保障。

2019 年 1 月，人力资源和社会保障部《关于充分发挥市场作用促进人才顺畅有序流动的意见》下发，这是人才工作领域首个关于人才流动配置的改革性文件，该意见从健全人才流动市场机制、畅通人才流动渠道、规范人才流动秩序、完善人才流动服务体系四个方面提出十六条针对性措施。9 月，中共中央办公厅、国务院办公厅《关于促进劳动力和人才社会性流动体制机制改革的意见》中更是明确破除市区人口在 300 万人以下城市的落户限制这一实施了 60 多年的结构性障碍，并提出全面放宽城区常住人口 300 万 500 万的城市户口限制，为人才流动扫清了障碍。12 月，中共中央办公厅、国务院办公厅印发《关于促进劳动力和人才社会性流动体制机制改革的意见》，破除妨碍人才流动的障碍和制度藩篱。

（三）创新人才评价体制机制

为发挥人才评价指挥棒作用，2018 年 2 月，中共中央办公厅、国务院办公厅发布《关于分类推进人才评价机制改革的指导意见》，提出要建立以创新能力、质量、贡献、绩效为导向的人才评价体系，推动人才评价体制机制改革向纵深发展。5 月，习近平总书记在两院院士大会上指出："要通过改革，改变以静态评价结果给人才贴上'永久牌'标签的做法，改变片面将论文、专利、资金数量作为人才评价标准的做法，不能让繁文缛节把科学家的手脚捆死了，不能让无穷的报表和审批把科学家的精力耽误了!"这一重要论述为完善人才评价机制指明了方向①。7
月,中共中央办公厅、国务院办公厅发布《关于深化项目评审、人才评价、机构评
估改革的意见》;10月科技部、教育部、人力资源社会保障部、中科院、工程院联合
开展清理"唯论文、唯职称、唯学历、唯奖项"专项行动。之后相关职称变革文件
先后出台,2019年2月人力资源社会保障部、工业和信息化部的《关于深化工程
技术人才职称制度改革的指导意见》、2019年6月人力资源和社会保障部的《职
称评审管理暂行规定》、2021年8月人力资源社会保障部、教育部的《关于深化实
验技术人才职称制度改革的指导意见》、2023年10月人力资源社会保障部的《人
力资源管理专业人员职称评价办法(试行)》等。

针对人才评价"破四唯"后"立新标"不到位、评价方式创新不到位等问题,
2022年9月,科技部、教育部等8部门印发了《关于开展科技人才评价改革试点
的工作方案》,探索科技人才分类评价的新标准、新方式、新机制。

(四)技能人才的培育与评价

技能人才特别是高技能人才,作为工人阶级队伍中的优秀代表,是我国人才
队伍的重要组成部分。对此,国家不断打破壁垒、畅通渠道,为技能人才成长创
造条件,建立健全以职业资格评价、职业技能等级认定和专项职业能力考核等为
主要内容的技能人才评价制度。2017年2月,中共中央、国务院印发了《新时期
产业工人队伍建设改革方案》,从产业工人思想引领、技能提升、作用发挥、支撑
保障几个方面,提出了25条改革举措。2018年3月,中共中央办公厅、国务院办
公厅印发了《关于提高技术工人待遇的意见》;10月,人力资源社会保障部印发
《技能人才队伍建设实施方案(2018—2020年)》。

2019年8月,人力资源社会保障部出台《关于改革完善技能人才评价制度的
意见》;9月,习近平总书记对我国技能选手在第45届世界技能大赛上取得佳绩
作出重要指示:要弘扬精益求精的工匠精神,激励广大青年走技能成才技能报国

---

① 人民日报.人才评价容不得"永久牌"标签[EB/OL].(2018 - 06 - 29)[2024 - 05 - 02].https://
www.gov.cn/xinwen/2018 - 06/29/content_5301991.htm.

之路。要健全技能人才培养、使用、评价、激励制度,大力发展技工教育,大规模开展职业技能培训,加快培养大批高素质劳动者和技术技能人才。

2021 年 1 月,人力资源社会保障部发布《关于进一步加强高技能人才与专业技术人才职业发展贯通的实施意见》,打通职业发展通道;7 月,人力资源社会保障部印发了《"技能中国行动"实施方案》,明确了技能人才的社会地位和政策。

2022 年 4 月,人力资源和社会保障部出台《关于健全完善新时代技能人才职业技能等级制度的意见(试行)》,该意见为畅通技能人才职业发展通道,提高其待遇水平,增强其荣誉感、获得感、幸福感奠定了基础。10 月,中共中央办公厅、国务院办公厅印发《关于加强新时代高技能人才队伍建设的意见》;党的二十大更是首次将大国工匠、高技能人才提升为国家战略人才。

2024 年 1 月,人力资源社会保障部等 7 部门实施《高技能领军人才培育计划》,让技能人才真正成为支撑中国制造、中国创造的重要力量。综上,如表 3 所列,对 4 个阶段我国人才政策关切点进行了梳理,更加清晰直观地反映了我国人才的特质。

表 3 1978 至今四个阶段人才政策的关切点

	探索起步阶段 (1978—1984)	确立与发展阶段 (1985—2000)	深入推进阶段 (2001—2012)	全面创新治理阶段 (2013 至今)
战略背景	改革开放	科技体制改革	人才战略;人才强国战略;人才优先发展战略	建立集聚人才体制机制,择天下英才而用之;完善人才自主培养机制,造就高水平创新型人才队伍

续表

	探索起步阶段 （1978—1984）	确立与发展阶段 （1985—2000）	深入推进阶段 （2001—2012）	全面创新治理阶段 （2013 至今）
典型政策	1984 年《关于经济体制改革的决定》	1985 年《关于科学技术体制改革的决定》； 1986 年《关于促进科技人员合理流动的通知》； 1995 年《关于加速科学技术进步的决定》	2001 年《国民经济和社会发展第十个五年计划纲要》； 2002 年《2002—2005 年全国人才队伍建设规划纲要》	2016 年《关于深化人才发展体制机制改革的意见》
人才定位	知识分子是工人阶级的一部分； 造就一支社会主义经济管理干部的宏大队伍	科学技术是第一生产力； 人才是科技进步和经济社会发展最重要的资源； 科技人才是第一生产力的开拓者，是社会主义现代化建设的骨干力量	人才资源是第一资源； 科技人才是科技创新的关键因素，是推动国家经济社会发展的重要力量	人才是创新的根基，创新驱动实质上是人才驱动； 为建设创新型国家提供人才支撑； 教科人一体化

第二节　基于政策工具的人才政策分析

政策工具作为实现公共政策预期目的的途径和手段，是政策目标与政策结果之间的桥梁与纽带。如何有效运用政策工具，不仅是促进政策有效落地的保障,更是推进科教兴国、人才强国的重要环节,在人才政策实施过程中我们究竟用了哪些工具,政策工具箱里还有哪些工具可以用,是我们真正用好人才政策、发挥人才政策效用的有效措施。对此,以我国四大直辖市人才政策为分析对象,通过构建政策工具政策目标政策力度三维人才政策分析框架,全面客观的认识政策、把握政策,以期为政府制定政策、优化政策提供依据。

一、三维政策框架构建

(一)X 维度政策工具

本研究借鉴 Rothwell 和 Zegveld[①] 的思想,将人才政策中所涉及的政策工具划分为供给型、环境型和需求型三类,即 X 维度。其中,供给型和需求型政策工具对人才吸引起直接的推动和拉动作用,环境型政策工具则主要表现为间接的影响作用。具体作用机制如图 12 所示:

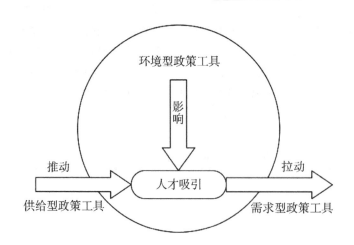

图 12　人才吸引政策对人才吸引作用方法示意图

供给型政策工具主要是指政府通过直接供给的方式,以提供物质与资金、加强基础设施建设、信息平台搭建、提供人才培训和公共服务等措施对人才提供直接帮助,从而推动地方吸引人才流动与聚集。其主要包括人才培养、基础设施建

① Rothwell Roy,Zegveld Walter. *Reindusdalization and Technology*[M]. Logman Group Limited,1985.

设、资金投入以及公共服务 4 类衡量指标;环境型政策工具指政府从环境方面施加影响,通过法规管制、财税金融以及策略性措施 3 类措施营造良好的人才成长和发展环境;需求型政策工具是指政府从市场维度入手,通过人才引进、服务外包、政府采购、海外交流、人才管理 5 类措施,促进地方人才市场的合理搭建和有序运作,以激发人才活力,推动事业发展。具体内容如表 4 所列:

表 4　人才政策工具分类与描述

工具类型	工具名称	工具内涵
供给型	人才培养	政府通过为人才提供学历教育、技能培训、工作实践、素质拓展等方式来促进人才的成长与发展
	基础设施建设	为人才发展提供实验设备设施、公共平台、办公用地,建设人才基地和人才小高地等
	资金投入	为人才直接提供明确的资金支持,用以扶持人才相关科研、实验和创业创新等活动
	公共服务	政府通过提供人才就业创业支持、项目申报、职称评定、落户保障等公共服务,充分发挥人才效能
环境型	法规管制	制定相关地方性法规,来规范人才市场行业标准,创新人才评价机制、权益保护、合同关系、知识产权保护等制度和措施,确保人才事业有序规范开展
	财税金融	政府通过税收减免、减税降费、贷款担保、人才补贴补助、风险投资扶持等金融手段,来吸纳和激励人才
	策略型措施	为免除地方人才的后顾之忧,政府制定的落户、社保、医疗、配偶工作和子女上学安置等相关辅助性政策

续表

工具类型	工具名称	工具内涵
需求型	人才引进	政府根据地方经济发展需要和人才供需情况,面向国内外针对性引进不同领域的各类人才
	服务外包	政府基于创新需求委托人才或其所在单位完成技术攻关科技研发等项目,提升相关业务的能力水平
	政府采购	政府通过公开招标、公平竞争得方式购买和消费创新型人才的产品或服务,满足政务活动的需要
	海外交流	为人才或其机构提供走出国门的机会,以学术论坛、交流访问等方式加强国际人才交流与合作,提升人才的国际视野
	人才管理	以多样化措施对人才评价、流动配置、选拔与评价、人才激励等工作进行统筹管理

（二）Y 维度政策目标

政策目标是制定政策的主体,是政策制定和实施从而解决公共性问题的核心,即政策制定的最终目的,它决定了人才政策对人才吸引的质量和效率[1]。在人才政策目标的研究中,杨河清[2]将国家"千人计划"的政策目标从引得进、留得住、用得好三个方面进行衡量;张惠琴等[3]将人才的数量、素质和效能等作为区域人才政策目标。自 2002 年我国首次提出"人才强国战略",人才问题便成为政府工作的重心之一。因此,本研究以政策目标作为政策评价的 Y 维度,通过借鉴李晓园[4]、刘国新[5]、宁甜甜[6]等人的研究成果,将人才政策的政策目标划分为:人才

① 陈振明,张敏.国内政策工具研究新进展:1998—2016［J］.江苏行政学院学报,2017(06):109 - 116.
② 杨河清,陈怡安.海外高层次人才引进政策实施效果评价——以中央"千人计划"为例［J］.科技进步与对策,2013(16):107 - 112.
③ 张惠琴,邓婷,曹文蕙.政策工具视角下的新时代区域人才政策效用研究［J］.科技管理研究,2019,39(19):43 - 49.
④ 李晓园,吉宏,舒晓村.中国人才竞争力指标体系构建［J］.中国人力资源开发,2004(7):83 - 85.
⑤ 刘国新,冯淑华,赵光辉.中部区域人才竞争力评价［J］.统计与决策,2005(2):47 - 48.
⑥ 宁甜甜,张再生.基于政策工具视角的我国人才政策分析［J］.中国行政管理,2014(4):82 - 86.

质量、人才规模、人才激励、人才保障以及人才集聚等。具体内容如表 5 所列:

表5 人才政策的政策目标描述

目标分类	目标内涵
人才质量	是对人才各方面综合能力的整体评估,如知识技能、创新能力、职业道德、技能熟练程度等
人才规模	政策当中对人才吸引数量的要求
人才激励	政策文本当中所提出的人才吸引的相关激励手段
人才保障	政策文本当中所提出的人才吸引的相关保障措施
人才聚集	政策文本当中对人才分布的结构所提出的内容

(三)Z 维度政策力度

政策力度作为描述政策法律效力的重要指标,对政策的实际效益具有一定的影响,其一般受政策发布机构的行政级别所决定。因此,本文借鉴彭纪生[①]对政策量化的思想,对政策力度分别进行 15 分的评分,并将政策力度作为人才政策三维分析框架中的 Z 维度。具体评分标准如表 6 所列:

表6 人才政策力度量化标准

评分标准	政策力度	赋值
省区市人民代表大会及其常务委员会颁布的地方性法规	高力度	5
省区市政府颁布的规定等	中高力度	4
省区市政府颁布的暂行规定、方案、决定、意见、办法、标准等	中力度	3
省区市市政府所辖各委、局、办的意见等	中低力度	2
通知、公告等	低力度	1

综上所述,形成"政策工具政策目标政策力度"三维分析框架,见图 13:

---

① 彭纪生,孙文祥,仲为国.中国技术创新政策演变与绩效实证研究(1978—2006)[J].科研管理,2008(04):134 – 150.

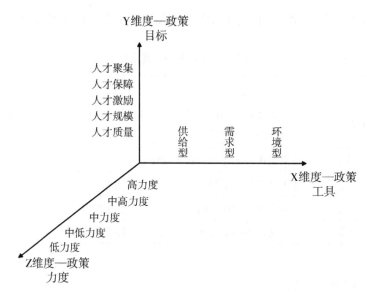

图 13　人才政策三维分析框架

二、政策文本来源与编码

（一）政策文本来源

根据公开性、权威性、相关性等要求，本研究中所涉及的人才政策均来自 4 个直辖市人力资源与社会保障局、科技局、教育委员会等官方机构发布或联合发布。政策时间范围选取 2013 年至今，即"全面创新治理阶段"，根据专家意见，每个直辖市选择 5 份政策，共计 20 份政策文本，详细内容如表 7 所列。

表 7　直辖市人才发展相关政策一览表

编号	政策名称	发文字号	发文时间
1	《北京市加快数字人才培育支撑数字经济发展实施方案（2024—2026 年）》	京人社专技字〔2024〕104 号	2024
2	《关于优化住房支持政策服务保障人才发展的意见》	京建法〔2018〕13 号	2018
3	《北京市引进人才管理办法（试行）》	京人社调发〔2018〕38 号	2018

续表

编号	政策名称	发文字号	发文时间
4	《关于优化人才服务促进科技创新推动高精尖产业发展的若干措施》	京政发〔2017〕38 号	2017
5	《中共北京市委关于深化首都人才发展体制机制改革的实施意见》	—	2016
6	《关于加快建设上海高水平知识产权人才高地的实施意见(2023—2025 年)》	沪知局保〔2023〕4 号	2023
7	《关于进一步支持留学人员来沪创业的实施办法》	沪人社规〔2020〕23 号	2020
8	《上海市引进人才申办本市常住户口办法实施细则》	沪人社规〔2020〕27 号	2020
9	《上海高等学校创新人才培养机制推进一流本科建设试点方案》	沪教委高〔2018〕14 号	2018
10	《关于进一步深化人才发展体制机制改革加快推进具有全球影响力的科技创新中心建设的实施意见》	—	2016
11	《天津市人才发展促进条例》	天津市人民代表大会公告第 8 号	2024
12	《关于深入落实科教兴市人才强市行动加快引进优秀人才来津创新创业的若干措施》	津人社局发〔2023〕11 号	2023
13	《关于支持自贸区外籍人才创新创业的若干工作措施》	津科外专〔2020〕25 号	2020
14	《天津市科技局关于印发进一步加强外国高端人才工作的若干措施的通知》	津科外专〔2019〕173 号	2019
15	《天津市人社局关于充分发挥市场作用促进人才顺畅有序流动的实施意见》	津人社局发〔2019〕37 号	2019

续表

编号	政策名称	发文字号	发文时间
16	《进一步加强高技能人才与专业技术人才职业发展贯通的实施方案》	渝人社发〔2021〕55号	2021
17	《进一步加快博士后事业创新发展若干措施》	渝人社发〔2020〕70号	2020
18	《重庆市支持大数据智能化产业人才发展若干政策措施》	渝人社发〔2020〕73号	2020
19	《重庆市人力资源和社会保障局关于充分发挥市场作用促进人才顺畅有序流动的实施意见》	渝人社发〔2019〕150号	2019
20	《重庆市引进海内外英才"鸿雁计划"实施办法》	渝府发〔2017〕14号	2017

（二）政策文本编码

在对政策文本处理的过程中,按照"政策文本编号—政策内容条款"的方式对政策文本进行编码,具体操作如下:(1)政策文本编号;(2)政策内容一级条款设定;(3)条款逐句编号(对于包括二级条款的先进行二级条款编号,没有二级条款的空之。例如:1—4表示编号为1的政策文本的第四条。5—3—1表示编号为5的政策文本的第三条条款的第1条细则)。具体内容如表8所列:

表8　人才政策编码一览表

编号	政策文号	内容分析单元	编码
1	京建法〔2018〕13号 京政发〔2017〕38号	一、总体要求　深入贯彻落实党的十九大精神……在推动高精尖产业发展	1—1
		二、基本原则……职住平衡	1—2—1
		……	……

续表

编号	政策文号	内容分析单元	编码
2	京政发〔2017〕38 号	一、以更加开放的政策引进使用人才……强化特聘岗位引才作用	2—1—1
		政府机关、事业单位……的海外人才	2—1—2
		……	……
3	京人社专技字〔2024〕104 号	为深入贯彻落实……本方案	3—1
……	……	……	……
13	津科外专〔2020〕25 号	一、支持放宽年龄条件	13—1—1
		二、支持学生创新创业	13—2—1
……	……	……	……
19	渝人社发〔2019〕150 号	一、健全人才流动市场机制……人力资源市场体系	19—1—1
		(二)完善人才市场供求、价格和竞争机制	19—2—1
20	渝人社发〔2019〕150 号	第一条 为深入贯彻中共中央《关于深化人才发展体制机制改革的意见》……特制定本办法	20—1
		第二条 "鸿雁计划"遵循……创新人才队伍建设	20—2

三、直辖市人才政策分析

为体现其人才政策的差异性,特对我国四个直辖市人才政策相关内容进行编码汇总,为直观展示数据,具体编码内容如表9、10所列:

表9 直辖市人才政策—政策工具编码情况一览表

工具类型	工具名称	政策条文编号	数量（条）	占比（%）
供给型	人才培养	3—2—2—1、3—2—3—1、3—3—5—1、3—3—5—2、3—3—5—3、3—3—5—4、……	87	
	基础设施建设	2—1—1—4—4、2—1—2—3—3、2—2—4—3、2—2—4—4、3—3—1、……	202	
	资金支持	2—1—1—1—4、2—1—1—2—2、2—2—5—1、2—2—5—2、2—2—5—3、2—2—6—1、5—7—25—4、12—3—3、12—3—4、……	66	
	公共服务	1—2—1—1、1—4、3—5—14—2、3—5—14—3、……	123	
	合计		478	29.68
环境型	法规管制	1—3—1、2—1—1—3—3、2—2—4—2、2—2—4—2、3—4—10—1、3—4—10—2、……	244	
	财税金融	1—2—4—2、2—1—2—3—4、2—1—2—5—1、2—1—2—5—2、……	108	
	策略性措施	1—1、1—2—1—2、1—2—2—1、5—8—27—2、5—8—27—4、11—1、11—2—1—2—1、……	372	
	公共服务	1—2—1—1、1—4、3—5—14—2、3—5—14—3、……	123	
	合计		724	44.97

续表

工具类型	工具名称	政策条文编号	数量（条）	占比（%）
需求型	人才引进	2—1—1、2—1—1—1—2、2—1—1—1—3、2—1—1—2—1、2—1—1—3—1、……	84	
	服务外包	3—3—7—3、5—2—6—6、14—30、14—30—1、……	12	
	政府采购	5—5—17—3、14—31—2、……	11	
	海外交流	3—3—6—1、3—4—12—1、3—4—12—2、4—8、5—1—1—6、……	38	
	人才管理	1—2—2—2、1—2—3—1、1—2—3—2、5—8—27—1、……	261	
	合计		408	25.35
总计			1610	100

表10 直辖市人才政策—政策目标编码情况一览表

目标名称	政策条文编号	数量/条	占比（%）
人才质量	3—2—2—1、3—2—3—1、4—7、4—8、4—9、4—10、4—11、……	192	11.92
人才规模	1—2—3—1、3—2—1、3—2—3—1、3—2—3—2、……	41	2.54
人才激励	1—2—3—2、2—1—2—2、2—2—5—1、2—2—5—2、2—2—5—3、11—2—1—4—1、12—3—2、12—3—3、12—3—4、……	306	19.00
人才保障	1—1、1—2—1、1—2—2、1—2—4—1、1—2—4—2、1—3—1、2—1—2—3—3、2—1—2—3—4、2—2—4—2、……	916	57.02
人才聚集	2—1—1、2—1—1—2、2—1—1—3、2—1—2—1、2—1—3—1、3—3—5—4、3—3—6—1、11—2—1—1、……	155	9.62
合计		1610	100

通过表9、表10所列,政策工具维度累计编码量为1610条,其中供给型政策工具为478条,占比约29.68%;环境型政策工具为724条,占比为44.97%;需求型政策工具为408条,占比为25.35%。政策目标维度中人才质量、人才规模、人才激励、人才保障、人才聚集分别为192、41、306、916、155,占比分别为11.92%、2.54%、19%、57.02%、9.62%。

(一)X维度分析

第一,供给型政策工具在直辖市人才政策体系中相对不足。人才培养、基础设施建设、资金支持以及公共服务分别占供给型政策工具的18.2%、42.3%、13.8%、25.7%,可见在内部工具维度中基础设施建设占比最多,为42.3%,最少为资金支持,仅为13.8%,两者之间存在显著性差距。基础设施建设作为成效显著且直观的产物,备受政府青睐,关注度也最多。相比之下资金支持以及公共服务建设方面,则因直辖市在政策制定时侧重于短期内能快速吸引人才,如直接落户政策,而忽视了对人才长期发展和多元化需求的支持。此外,财政预算分配优先考虑基础设施建设和人才培养的直接投入,而对于资金支持和公共服务建设的长期投资回报周期长、风险较大,因此在政策设计上给予的重视程度不够。同时,政策执行的监管和评估机制可能不够完善,导致政策在实施过程中的灵活性和适应性不足,无法及时响应人才市场的变化和人才个体的多样化需求。

第二,需求型政策工具占比不足。需求型政策工具仅占直辖市人才政策工具使用的25.34%,在政策工具组成中,仅人才管理使用较高,达到了64%,这说明人才问题已经成为各地关注的重点,如何有效的服务人才已成为政府政策推进中的关键环节。如何吸引人才、尤其是如何吸引高层次人才,服务既是手段,更是地区发展的关键。服务的便捷与高效是政府公共服务水平的体现。然而,政府采购与服务外包的占比分别仅为2.7%和2.9%,即政府采购只有在个别文件中提到,十分匮乏,表明直辖市在利用公共部门的需求来吸引人才方面具有较大的提升空间。

第三,环境型政策工具使用较密。环境型政策工具使用较多,为44.97%,应该说政策制定者较多依赖于宏观层面的策略和制度建设,而忽视了对具体操作层面的细节调控和微观激励措施。策略性措施的条款作为环境型政策工具中的主体,占51.38%,这表明策略性措施得到关注,然而,由于过于抽象,难以转化为具体可行的行动计划,从而影响政策的实际效果。此外,法规制度条款,占33.7%。这标志着法规问题得到重视,依法治国,政策先进是保障人才制度的根本。

（二）Y 维度分析

在 20 部政策文件中,人才保障工具占比最高,共计 916 条,占整体的57.02%,凸显人才保障作为政策核心的重要性。人才保障旨在构建一个全面、周到的保障体系,通过提供良好的工作环境、维护人才权益、提供合理的薪酬福利等措施,以吸引并留住各类优秀人才,为城市发展注入持久动力。其次为人才激励,共计 306 条,占比 19%。人才激励政策的出台,旨在激发人才的积极性和创造力,通过设立奖励机制、建立公平的晋升机制、鼓励人才创新创业等多种方式,激励人才不断突破自我,发挥更大的潜力和贡献,为城市发展注入新的活力。第三为人才质量,共计 192 条,占比 11.93%。人才质量的核心在于提高人才的素质和能力,政策通过提供丰富的培训和学习机会、鼓励创新和研究、建立科学的人才评价体系等举措,推动人才的专业成长和创新能力提升,为城市发展提供坚实的人才支撑。再次为人才聚集,占比 9.63%。人才集聚关注的是通过提供优惠政策、建立人才引进机制、打造创新创业平台等多种措施,吸引更多优秀人才来到当地发展。占比最少的为人才规模,累计编码 41 条,仅占 2.54%。虽然加强人才培养和选拔、建立人才储备机制、促进人才流动等措施对于扩大人才规模具有重要意义,但在政策文件中并未得到足够的体现。

事实上,北京市在追求高质量人才的同时,也注重人才基数的整体提升。一个城市的发展不仅需要顶尖人才的引领,也需要大量普通人才的支撑。因此,北京市通过差异化策略,来吸引和留住各类人才。随着全球化和科技革命向纵深发展,人才流动日益频繁,人才竞争也愈发激烈。为应对这些挑战,北京市不断调整和优化人才政策,以适应新时代下人才发展的新需求。如,在 2023 年中国国际服务贸易交易会期间,北京市人力资源和社会保障局组织人力资源服务主题活动,发布《北京市境外职业资格认可目录(3.0 版)》和《国家服务业扩大开放综合示范区和中国(北京)自由贸易试验区建设人力资源开发目录(2023年版)》,进一步推动高水平对外开放,吸引优秀人才来京创新创业;重庆市现有人才政策更多立足于人才全面布局,其政策重心主要侧重于人才吸引、培养与激励上,通过优化人才待遇、提升人才服务质量等,以此来确保各类人才能够安心工作、快速成长。重庆市人力资源和社会保障局积极推动智慧就业服务的深化升级,对"一库四联盟"进行了迭代优化,并成功推出了"渝职聘"与"数治就业"两款小程序,旨在为求职者与招聘单位构建一个高效、便捷的互动平台。同时,结合"大数据+实地调研"的方式,加强了数据收集与供需状况的深度分析,实现了对就业市场动态及劳动者情况的实时把握,显著提升了就业服务的针对性与准确性,既助力求职者精准定位理想职位,也为企业精准匹配了所需人才。

(三)Z维度分析

从人才政策颁布主体来看,既有原先的人力资源社保局和教育委员会,也有科学技术协会、发展改革委员会,更有市政府,应该说政策颁布主体已然从一元主体向多元主体转变。

表11 直辖市人才政策—政策力度分布情况

政策力度赋分值	政策力度	政策文件数量/部
1	低力度	9
2	中低力度	3
3	中力度	4
4	中高力度	3
5	高力度	1

从人才政策政策力度来看,如表11所列,"通知"等低力度政策是主体,高力度政策较少。政策力度作为描述政策法律效力的重要指标,比如《天津市人才发展促进条例》作为高力度政策,是由具有较高立法权限的天津市人民代表大会通过,具有法律效力强、稳定性高、长期适用等特点,能够为人才发展提供坚实的法

律保障和制度支撑,这种政策的出台往往标志着该地区对人才工作的高度重视,对于吸引、培养和留住各类人才具有极强的推动作用。北京市、上海市、重庆市人民政府出台的《关于优化人才服务促进科技创新推动高精尖产业发展的若干措施》《关于进一步深化人才发展体制机制改革加快推进具有全球影响力的科技创新中心建设的实施意见》《重庆市人民政府关于印发重庆市引进海内外英才"鸿雁计划"实施办法的通知》等文件,均属于中高力度政策,虽然其没有"条例"类政策更具广泛的法律约束力,但在本行政区域内仍具有较高的权威性和执行力,能够有效推动人才工作的深入开展。各直辖市政府颁布的暂行规定、方案、决定意见共计4部,其通常是为了应对特定情况或解决特定问题而制定的,具有较强的针对性和时效性,能够在一定时期内对于指导和规范人才工作具有重要作用,往往反映了政府对人才工作的灵活性和创新性,能够根据实际情况及时调整和优化人才政策体系。各委、局、办的意见文件共计3部,以及大量的通知公告类人才政策(共计9部),其通常属于中低力度或低力度政策。通知作为一种较为灵活的行政手段,可以迅速响应人才政策的调整和实施需求,适用于短期或紧急的人才引进和激励措施。相比之下,地方性法规的制定和修改程序更为复杂,耗时较长,以"通知"为主的人才政策在一定程度上会提高政策的响应速度和灵活性,有利于吸引和保留人才,尤其是在激烈的人才竞争背景下。

（四）多维度交叉分析

如表12所列,第一,在人才质量方面,以需求型政策工具为主,占比58.33%,即政策制定者主要通过调整和优化人才需求侧,来吸引高质量人才,如提高人才引进标准、优化人才评价体系等。供给型政策工具次之,说明直辖市也重视通过提升教育质量、扩大培养规模等供给侧改革来满足对高质量人才的需求。而环境型政策工具较少,为18.75%,这表明在高质量发展阶段,城市对高质量人才的需求日益迫切,因此需求型政策工具成为首选。同时,供给型政策工具的运用也反映了直辖市对人才培养和供给的重视,以满足人才需求。第二,在人才规模方面,环境型与需求型政策工具占比分别为24.39%与26.83%,供给型政策工具关注度高,为48.78%,这意味着,供给型政策工具能够直接增加人才供给,满足经济社会发展的需求。环境型和需求型政策工具的均衡使用则反映了政策制定者对不同发展阶段需求的精准把握和灵活应对。第三,在人才激励方面,主要以环境型政策工具为主,占比为 42.48%,供给型政策工具次之,为 37.91%,需求型政策工具不足,为 19.61%。其现实原因在于,环境型政策工具能够直接降低人才的生活和工作成本,提高城市的宜居性和宜业性,从而吸引和留住人才。供给型政策工具则通过直接提供资源来满足人才的需求,激发人才的积极性和创造力。需求型政策工具的作用受限源于市场机制的不完善或政策制定者对市场需求把握不准。第四,在人才保障方面,主要以环境型政策工具为主,为 56.11%,供给型政策工具次之,为 29.37%,需求型政策工具较少,占比 14.52%,表明以供给型政策为主,通过优化人才发展的外部环境来提供人才保障,供给型政策工具通过提供稳定的资源供给来保障人才的发展,而需求型政策工具在人才保障方面的作用相对有限。第五,在人才聚集方面,主要以需求型政策工具为主,占比 60%,即通过市场需求来引导人才的流动和聚集。环境型与供给型政策工具次之,分别占比 21.29% 与 18.71%,表明了需求型政策工具能够直接响应市场变化,满足不同行业、不同领域对人才的特定需求,环境型和供给型政策工具则通过优化环境和提供资源来间接促进人才的聚集。

表12　政策工具—政策目标双维度分布情况

	环境型	需求型	供给型
人才质量	18.75%	58.33%	22.92%
人才规模	24.39%	26.83%	48.78%
人才激励	42.48%	19.61%	37.91%
人才保障	56.11%	14.52%	29.37%
人才聚集	21.29%	60.00%	18.71%

第三节　小　结

第一,通过对改革开放以来我国人才政策演变历程进行分析后发现,我国人才政策演进历程是国家发展战略不断深化、调整和完善的过程,旨在通过吸引、培养、使用和留住各类高素质人才,推动经济社会的持续健康发展。改革开放以来,我国人才政策经历了从探索起步到全面创新治理的演变历程。1978 至 1984年,处于探索起步阶段,重点在于确认知识分子的地位,恢复高考制度,并实施人才培养和激励保障机制,为人才队伍建设奠定了基础。1985 至 2000 年,进入确立与发展阶段,科技与教育体制改革深入推进,职称评定改为职称聘任,促进了人才的合理流动,同时重视高层次青年科技人才的培养。2001 至 2012 年,是深入推进阶段,实施人才强国战略,强调人才资源是第一资源,深化人才培养机制,加大海外人才吸引力度,推动人才工作迈上新台阶。2013 至今,全面创新治理阶段,进一步全面深化改革,打造人才流动要素市场,创新人才评价体制机制,并加强技能人才的培育与评价。基于这一系列的政策演变,我国逐步建立了集聚人才体制机制,推动人才资源优先发展,为建设创新型国家提供了坚实的人才支撑。

第二,基于政策工具对我国直辖市人才政策内容进行分析后发现,我国直辖市作为国家重要的经济、文化和政治中心,其人才政策对全国其他地区无疑具有示范和引领作用。从其结果来看,每一个直辖市地区的人才政策数量与时俱进,紧跟中央政策趋势,时刻把控"走出去,引进来",将人才力量作为推动社会进步和经济发展的关键因素。在 X 维度,供给型政策工具在直辖市人才政策体系中相对不足、需求型政策工具占比不足、环境型政策工具使用较密。Y 维度,人才政策在政策目标维度极其注重人才保障的条款,其次为人才激励、人才质量与人才聚集,对于人才规模关注极少。Z维度,人才政策以低力度与中低力度为主,中高力度占比较少。交叉分析结果显示,在人才质量方面,政策制定者更倾向于通过调整和优化人才需求侧的条件来吸引和留住高质量人才。在人才规模方面,环境型与需求型政策工具的使用较为均衡。在人才激励方面,环境型政策工具占据主导地位。在人才保障方面,环境型政策工具占据主导地位。在人才聚集方面,需求型政策工具占据主导地位。总体来看,不同方面的人才政策工具使用呈现出一定的差异性和侧重点,但都体现了政策制定者根据不同的地区发展需求和环境条件,灵活选择和组合政策工具的策略。

第四章 高等教育财政支出
与人才吸引力现状分析

21 世纪是知识经济的时代,各国经济实力的竞争,归根结底最终体现在教育、科技、人才方面的竞争。多数发达国家之所以能够保持较高的经济发展水平,不仅仅因其具备较为充足的物质资源,更多表现在较为完善的教育制度和较高的全民教育水平。教育的经济功能易受到各国政府的重视,教育的先导作用也越发显现。党的二十大提出的教育、科技、人才"三位一体"统筹推进,优先发展教育的理念,这位进一步实施科教兴国和人才强国战略,建设人力资源强国提供了保障。

现代教育经济理论认为教育和经济增长之间存在着相互制约的关系,一个国家教育支出的经济效应不仅仅受制于教育发展的成熟度和完善度,也会受到其经济发展的阶段性影响。经济发展水平较高的国家与经济相对落后的国家或地区相比教育经费的经济贡献更大。此外,众多专家认为财政教育支出的充足有利于提高全民教育水平和劳动生产率,因此会对国家未来的经济增长有利。人力资本理论最早由舒尔茨在 20 世纪 60 年代提出,也认为一个国家人力资本存量的提高能有效地促进本国经济的增长。而后有贝克尔、卢卡斯、罗默等学者就人力资本与国家经济发展作出深入讨论,得出以下基本认识:人力资本可以像其他物质生产要素一样直接参与生产。一个国家的经济持续增长主要来源不是传统意义理解的物质资本而是源于人力资本的积累。发展中国家与发达国家经济增长的主要差异更多地归结于各国之间人力资本存量及其增长速度的差异。早期古典主义经济增长理论以 20 世纪 40 年代的"立德多玛"模型为代表,从凯恩斯的理论框架出发认识到经济增长中的储蓄率、资本产出比的重要性,但没有考虑技术进步以及人力资本等影响要素。20世纪50年代,以索罗和斯旺为代表的古典主义经济增长理论,突破性地将技术进步作为一个独立外生变量考虑,充分肯定了技术进步对经济增长的独特贡献。20世纪80年代,以罗默和卢卡斯为代表的一批经济学家建立内生经济增长理论,该理论明确了通过教育和训练获得技术能够促进经济增长,进一步强调了人力资本、技术进步对经济增长的推动作用。通过对现存教育经济学相关理论的梳理,我们进一步认识到经济投入对教育的正向作用,因此后续的研究将对教育财政支出现状和人才吸引力进行实证分析。

第一节 高等教育财政支出状况分析

回顾我国高等教育事业财政拨款模式,主要历经"基数＋发展"模式、"综合定额＋专项补助"模式、"基本支出预算＋项目支出预算"模式三个主要演化阶段。一是,"基数＋发展"模式是早期财政支出模式,该模式以定员定额为基础,根据高等院校现有机构规模和人员编制情况确定其财政资源,参照上一年经费分配额确定当年经费分配额。因此,某高校成本越高,能够获取的经费就越高,这显然不利于高校成本控制,约束了经费的使用效率。二是,"综合定额＋专项补助"模式可以认为是前一种模式的升级版,其中基础性内容相似,即综合定额部分仍是由相关主管部门根据高校所处地理区域、学生数量、层次和类型等因素确定不同的经费标准,一定程度上保证了拨款总量的科学性。此外,增加了专项补助部分,由主管部门根据相关政策和院校实际确定,具备一定的独立性。但是,这种模式在一定程度上承认了院校学生规模与拨款的相关性,在一定程度上会促进高校盲目扩招。而后在2002年,财政部提出了新的核算模式,即"基本支

出预算 + 项目支出预算"模式。该核算模式要求凡是预算之外产生的支出必须计入预算管理账户或者由财政专户完成统筹。虽然这一规定并未要求收支挂钩,但是在一定程度上保障了高校支出的透明度。在此状况下,党政部门制定了财政集中收付制度,实现了对财政资金的全覆盖监督,更加突出事前监督,强化了行政部门对财务控制,一定程度上遏制了腐败之风。

一、教育财政支出比重分析

自新中国成立以来,历经七十多年的发展,我国从 1949 年仅有 205 所高等学校发展到 2023 年的 3074 所,高等教育毛入学率从 0.26% 增长到 60.2%,在校生总规模由 11.7 万人增长至 4763.19 万人[①],这些数据真实记录和反映了我国在推动高等教育事业改革发展中的非凡成就。而这一切的取得归于一个重要、关键因素就是高等教育经费的持续增加和保障。

自 1985 年《中共中央关于教育体制改革的决定》出台后,明确提出教育体制改革的根本目的是提高民族素质,多出人才、出好人才,认为"发展教育事业不增加投资是不行的。在今后一定时期内,中央和地方政府的教育拨款的增长要高于财政经常性收入的增长,并使按在校学生人数平均的教育费用逐步增长"[②],到 1993 年《国务院关于〈中国教育改革和发展纲要〉的实施意见》正式颁布,明确"国家财政对教育的拨款,是教育经费的主渠道,必须予以保证",同时首次提出了"到本世纪末,国家财政性教育经费支出占国民生产总值的比重应达到 4%"的战略发展目标;从 1995 年《中华人民共和国教育法》明确指出要落实教育财政政策的三个增长,即"各级人民政府教育财政拨款的增长应当高于财政经常性收入的增长,并使按在校学生人数平均的教育费用逐步增长,保证教师工资和学生人均公用经费逐步增长",到 2010 年《国家中长期教育改革和发展规划纲要(2010—2020 年)》提出"教育投入是支撑国家长远发展的基础性、战略性投资,

---

① 中国教育在线.教育部:2023 年高等教育毛入学率超 60%[EB/OL].(2024 – 03 – 02)[2024 – 04 – 07].https://baijiahao.baidu.com/s? id = 1792368861042675675&wfr = spider&for = pc.

② 张祺午,房巍.改革从这里出发——《中共中央关于教育体制改革的决定》的起草与影响[J].职业技术教育,2015,36(18):11 – 15.

是教育事业的物质基础,是公共财政的重要职能……提高国家财政性教育经费支出占国内生产总值比例,2012 年达到 4%",再到为实现 4% 目标,2011 年《国务院关于进一步加大财政教育投入的意见》出台。教育投入作为支撑国家长远发展的基础性、战略性投资,是教育事业的物质基础,更是公共财政的重要职能。事实上,从 1978 年国家财政性教育经费的 75.05 亿元增长到 1995 年的 1411.52 亿,再到 2012 年 22236.23 亿元,如期实现了教育规划纲要提出的 4% 目标(占 GDP 比例达到 4.28%)。历经这几十年的发展,从"追 4"目标的艰难,发展至 2023 年我国财政性教育经费已经连续 11 年"不低于 4%"的目标,但该比重从 2020 年的 4.22%,降至 2021 的 4.001%,再到 2023 年的 4%,现在再次逼近 4% 的红线,后期压力较大,具体如图 14 所示。

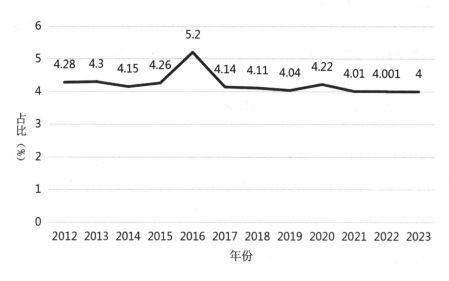

图 14 我国 2012—2022 年国家财政性教育经费支出占国内生产总值比例分布图

尽管我们的教育经费已接近中等偏上收入国家的平均水平,资金投入逐步攀升,但与世界教育强国相比仍有一定差距。根据世界银行统计数据显示,如表 13 所列,1999—2022 年世界教育支出占 GDP 比例基本在 4% 左右,仅有 2000 年、2022 年低于 4% 以外,均高于这一标准,平均值为 4.15%。与此同时,就各个国

家来看,如表 14 所列,2021 年美国为 5.4%、欧盟为 4.8%,2022 年英国为
5.0%、澳大利亚为 5.2% 、以色列达到了 6.5%,这一方面显示出我国与这些发
达国家之间的差距,另一方面也从某一视角解释了为什么在国际高科技产业中,
以美国为代表的国家一直是话语权的主导者。

表 13　1999—2022 年世界教育公共开支总额占 GDP 比例情况一览表[①]

年份	教育支出占 GDP 比例(%)
1999	4.1
2000	3.9
2001	4
2002	4
2003	4.2
2004	4.1
2005	4.1
2006	4.2
2007	4.1
2008	4.3
2009	4.5
2010	4.1
2011	4.1
2012	4.2
2013	4.3
2014	4.3
2015	4.2
2016	4.2
2017	4.2

---

① UNESCO Institute for Statistics(UIS). UIS. Stat Bulk Data Download Service[EB/OL]. (2022 - 10 -
24)[2023 - 09 - 30]. https://data. worldbank. org/indicator/SE. TER. ENRR? view = chart.

年份	教育支出占 GDP 比例(%)
2018	4.1
2019	4.1
2020	4.4
2021	4.2
2022	3.8

注:数据来自世界银行。

表 14　部分国家教育支出占 GDP 比例一览表

国家	年份	比例
以色列	2022	6.5
韩国	2021	4.9
德国	2022	4.5
法国	2021	5.4
澳大利亚	2022	5.2
美国	2021	5.4
英国	2022	5.0
俄罗斯	2022	4.1
欧盟	2021	4.8
印度	2021	4.1

　　实现中华民族伟大复兴的"中国梦",教育是基础,而教育投资作为最有效的投资,一直被社会各界认同,而且这种投资不仅能增进全民的知识、技术和能力,而且也是国家强盛的基础和根本。当然,投入水平的多少,既要看国情、看背景,更要看成效。国际经验数据显示,国家财政性教育经费支出占 GDP 的比重与财政收入占 GDP 的比重紧密相连。通常,只有当一国的财政收入占 GDP 比重达到30%至40%的区间时,其教育经费支出占 GDP 的比重才有可能超过4%。然而,

实际情况是,我国的财政收入占 GDP 的比重长期低于全球平均水平,2012 年首次实现 4% 目标时还不到 30%。特别是"十三五"时期,经济下行压力逐年加大,加之新冠疫情影响,我国财政收入占 GDP 比例不升反降。在这种背景下,我们能够连续 11 年坚守住 4% 这一底线,一方面是实现"更好的教育",全面推进中华民族伟大复兴,落实教育优先发展战略的有力举措,另一方面也是应对教育高质量发展,加快建设教育强国的重要物质基础①。

二、我国高等教育支出情况

高等教育作为教育体系的重要组成部分,是体现国家教育整体水平和综合国力的主要标志,而高等教育经费支出一直以来也都是国家财政支出的重头。根据《2023 年全国教育经费执行情况统计快报》数据显示,2023 年全国学前教育经费总投入为 5382 亿元、义务教育经费为 28427 亿元、高中阶段教育经费为 10154 亿元、高等教育经费为 17640 亿元,比上年分别增长 4.7%、6.0%、6.2%、7.6%。可以发现,高等教育经费的投入仅低于义务教育阶段,进一步说明高等教育在我国教育事业中处于极其重要地位,其支出也占据全国财政性教育经费较高的规模,高等教育财政性支出的规模是体现绝对增量的衡量指标,能够清晰地看出当前和未来高等教育经费增长的趋势。如图 15 所示,可以发现高等教育财政支出指标从 1995 年的 122 亿元增长到 2023 年的 17640 亿元,总体呈现持续增长的趋势。其中 2005 年的增长率最高(75.38%),主要原因可能与教育政策或财政预算大幅度增加有关。增长率最小的年份是 2013 年,仅为 1.99%。事实上,自 2012 年,国务院出台《关于进一步加大财政教育投入的意见》后,2012—2023 年我国高等教育财政支出总体呈上升趋势,但增幅波动性较大。其中,增长显著的年份包括 2015 年、2017 年、2018 年、2019 年和 2021 年。2020 年由于疫情等原因增长率回落到 3.58%,而 2023 年则反弹至 7.58%。

结合以上数据不难发现,我国政府对高等教育的支持力度持续加大。究其

---

① 教育部:我国国家财政性教育支出占 GDP 比例达世界平均水平[EB/OL].(2022 - 09 - 27)[2024 - 09 - 30]. http://www.moe.gov.cn/fbh/live/2022/54875/mtbd/202209/t20220927_665380.html.

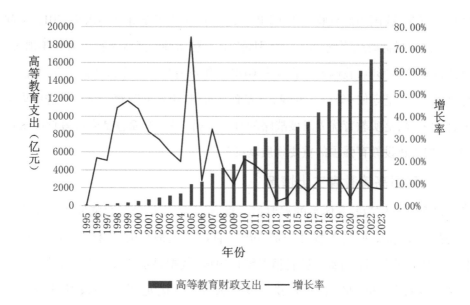

图15　1995—2023年全国高等教育支出(亿元)与增长率

原因:首先,随着经济的快速发展,国家财力增强,能够投入更多资金用于教育事业,同时政府一直强调教育的优先发展地位,确保了教育经费的稳定增长。其次,教育作为国家长远发展的基石,是提升国民整体素质和创新能力的重要源泉,它对于促进社会进步和经济可持续发展具有重要作用。最后,随着人口结构的变化,尤其是学龄人口的增长,对教育资源的需求也相应增加,这促使政府增加教育投入以满足日益增长的教育需求。

　　当然,对于特殊群体,我国也逐步建立健全学生资助体系,实现了"无偿资助为主、有偿资助为辅",资助对象上"以助困为主、奖优为辅"的具有本国特色学生资助体系。2007年国务院颁发了《关于建立健全普通本科高校、高等职业学校和中等职业学校家庭经济困难学生资助政策体系的意见》,从2007年秋季开始建立健全我国家庭困难学生资助健全体系。该政策体系涵盖国家(助学金、励志奖学金、奖学金)、免费师范生资助、助学贷款、勤工助学、特殊困难补助以及学费减免等相应途径。2017年,财政部、教育部、中国人民银行、银监会联合颁布《关于进一步落实高等教育学生资助政策的通知》,进一步完善高等教育学生资助政策、提高资助工作精准度、保障资助工作落实到位。2023 年,教育部、财政部、中国人民银行以及金融监管总局联合印发《关于调整完善助学贷款有关政策的通知》,对提高国家助学贷款额度,调整国家助学贷款利率、开展研究生商业性助学贷款等工作做出精准化部署。至此,国家基本实现了"不让一个学生因家庭经济困难而失学"的目标。

事实上,目前的我国分税制财政体制改革也深刻影响了我国高等教育财政体制,中央与地方就高校的财政投入进行了划分。中央部属高校财政经费由中央政府拨付,地方政府主要负担地方高校财政支出。一部分中央部属高校转为地方高校后,地方政府在高等教育支出的比重逐渐增加。表 15 所列,2010—2022年间高等教育财政支出出现中央财政在逐步降低,而地方财政支出比重逐渐增加,2022 年达到了 73.51%,这在一定程度上说明了地方财政对高等教育的支撑和扶持作用越来越重要。

表 15　高等教育财政支出中央财政和地方财政支出比重一览表

年份	中央财政	地方财政
2010	37.60%	62.40%
2011	34.31%	65.69%
2012	30.47%	69.53%
2013	31.22%	68.78%
2014	31.16%	68.84%
2015	31.66%	68.34%
2016	31.79%	68.21%
2017	31.76%	68.24%
2018	31.90%	68.10%
2019	30.97%	69.03%
2020	28.34%	71.66%
2021	27.03%	72.96%
2022	26.49%	73.51%

数据来源:《中国教育经费统计年鉴》。

三、地方高等教育支出现状

建设教育强国,龙头是高等教育。高等教育财政支出作为地方政府投资教育的重要组成部分,对于促进地方人才发展具有至关重要的作用。根据 2019 年国务院办公厅《关于印发教育领域中央与地方财政事权和支出责任划分改革方案的通知》(国办发〔2019〕27 号),明确提出:"实行以政府投入为主、受教育者合理分担、其他多种渠道筹措经费的投入机制,总体为中央与地方共同财政事权,所需财政补助经费主要按照隶属关系等由中央与地方财政分别承担,中央财政通过转移支付对地方统筹给予支持。"

从地方性政策视角来看,诸多省区市出台的政策也谈及此类问题。如上海市教育委员会发布的《上海高等学校学科发展与优化布局规划(2014—2020年)》中提到"注重人力资源建设,坚持引进与培养并重""以 2014—2017 年为第一个建设阶段,预计投入 36 亿元,其中相当部分用于教师队伍建设;2017—2020年为第二个建设阶段,市级财政继续加大对高峰高原学科建设的投入力度,确保规划目标顺利实现"[①]。江苏省一直以来都高度重视高等教育的发展,在财政投入上给予了强有力的支持,其通过优化高等教育布局结构,紧密结合地方经济社会发展需求,致力于培养应用型、复合型、技能型、创新型人才,以满足经济社会发展对人才的规模和质量需求,在《江苏高水平大学建设方案(2021—2025 年)》中提到"以突出重点、扶优扶强扶特的思路,集中力量建设省属高校,推动其在人才培养和科技创新上争先进位,全面提升核心竞争力和服务江苏经济社会发展的能力"[②]。全国各地都陆续出台了高校建设、高校发展以及加大教育经费投入的相关政策文件,以推动教育事业的发展。

众所周知,我国幅员辽阔,地区区位、资源禀赋、经济条件乃至对教育的重视传统差异较大。为此,我国财政性教育支出的地区结构具有明显的异质性,为清

---

① 上海市教育委员会.上海高等学校学科发展与优化布局规划(2014—2020 年)实施方案[EB/OL].(2014-11-01)[2024-05-01].https://www.doc88.com/p-0572614376040.html?r=1.
② 江苏省人民政府关于印发江苏高水平大学建设方案(2021—2025 年)的通知[J].江苏省人民政府公报,2021(04):43-50.

晰把握 31 个省区市（除港澳台外）教育经费投入的变化情况，基于《中国教育经费统计年鉴》以 1996 年、2006 年、2016 年以及 2021 年全国各省区市高等教育经费投入情况为点进行分析。由于重庆 1997 年才成为直辖市，故重庆市 1996 年的高等教育财政支出纳入四川省统计范畴之内。

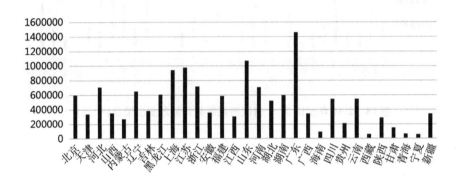

图 16　1996 年全国 30 个省区市高等教育财政支出情况（千元）

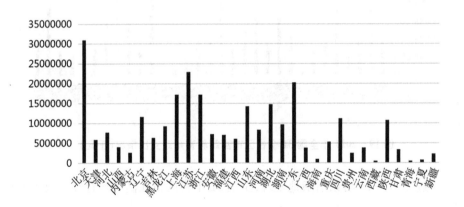

图 17　2006 年全国 31 个省区市高等教育财政支出情况（千元）

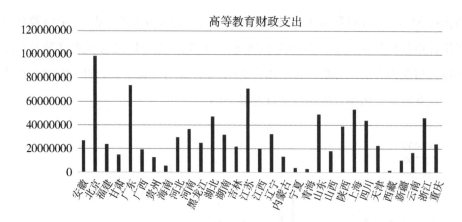

图 18　2016 年全国 31 个省区市高等教育财政支出情况（千元）

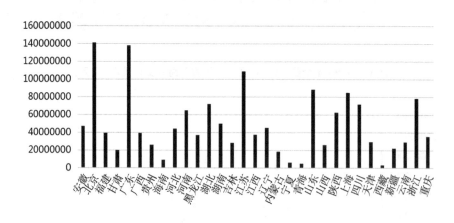

图 19　2021 年全国 31 个省区市高等教育财政支出情况（千元）

　　通过图 16—19 可以清晰地发现，全国 31 个省区市在高等教育经费投入上存在显著的地域差异。总体而言，经济发达地区的投入普遍较高，而经济相对落后地区投入则较低。高等教育经费投入较高的地区，主要集中在东部沿海，如北京、上海、江苏等地高等教育财政支出长期位居前列，且呈现显著增长趋势。中部地区，如湖北、湖南、四川、河南等地高等教育财政支出也有显著增长。部分西部地区，如陕西、贵州、云南和新疆等地，虽然整体投入相对较低，但在 1996、2006、2016、2021 这四年的变化趋势中均显示有较大幅度的增长。西藏、青海以及甘肃等地由于经济发展水平相对较低,故经费投入也相对较少,这在一定程度上影响了当地教育事业的发展。各省区市之所以在高等教育经费投入上差异化明显,主要原因有以下几点。

一是区域经济发展水平。经济发达地区拥有更高的财政收入,能够更充裕地支持教育事业的发展。从规模上看,位居全国经济总量前三的上海、北京、深圳,2023 年教育支出执行数均突破千亿,其中北京以 1227.9 亿元名列榜首,上海 1206.1 亿元居次席,深圳首次突破千亿,也达到 1001.5 亿元①。教育是国之大计、党之大计,从党的二十大报告提出"办好人民满意的教育",到党的二十届三中全会明确"加快建设高质量教育体系",对教育重视的一个表现就是舍得花钱,保障教育就是保经济、促发展。对于教育经费投入相对不足的省份,要在更大范围统筹保障教育经费、优化教育资源配置。2020 年广东省高等教育经费支出首次超过北京和江苏,达 1249 亿元,2021 年为 1360 亿元,2022 年更是达到3863.13 亿元。

二是多源经费渠道。2010 年 7 月,《国家中长期教育改革和发展规划纲要(2010—2020 年)》再次强调要"加大教育投入。……要健全以政府投入为主、多渠道筹集教育经费的体制,大幅度增加教育投入"。为拓宽经费来源渠道,进一步加大财政教育投入:一是,统一内外资企业和个人教育费附加制度。1986 年国务院颁布了《征收教育费附加的暂行规定》,对我国公民和内资企业,按照增值税、消费税、营业税(1994 年以前为产品税、增值税、营业税)实际缴纳税额的 1% 征收教育费附加(2005 年费率提升至 3%),2010 年 10 月,将征收范围扩大至外商投资企业、外国企业及外籍个人。二是,全面开征地方教育附加。2010 年 11 月,财政部印发了《关于统一地方教育附加政策有关问题的通知》,要求各地统一地方教育附加政策,按照实际缴纳税额的 2% 征收地方教育附加。三是,从土地出让收益中按比例计提教育资金。根据国务院、财政部、教育部印发的《关于从土地出让收益中计提教育资

---

① 十二城教育支出解码:京沪深破千亿,这四城预算削减[EB/OL].(2024 - 03 - 07)[2024 - 09 - 30].https://www.thepaper.cn/newsDetail_forward_26588091.

金有关事项的通知》,从 2011 年 1 月 1 日起,各地要进一步调整土地出让收益的使用方向,从以招标、拍卖、挂牌或者协议方式出让国有土地使用权取得的土地出让收入中,按照扣除征地和拆迁补偿、土地开发等支出后余额 10% 的比例,计提教育资金①。越是经济较弱省份,教育经费越依赖财政支撑。2022 年 GDP 排名前三的广东、江苏、山东三个省份,其国家财政性教育经费占 GDP 比重(2021 年)分别为 3.7%、2.7%、3.3%,而 GDP 排名靠后的西藏、青海、宁夏省份该比值分别为 15.8%、8.4%、5.5%②,这充分显示出不同地区在财政拨款、事业收入、社会捐赠等经费来源上的比例差异,影响了教育经费的总量和结构。

第二节　我国高校人才现状分析

一、全国高校整体人才状况

人才是第一资源。新时代人才强国战略下,推进世界重要人才中心和创新高地建设,坚持教育、科技、人才一体化发展,推动"创新链、产业链、资金链、人才链"四链融合,是当前我国人才工作的主旋律。根据国家统计局数据显示,2023 年我国劳动年龄人口超过 8.6 亿,具有大学文化程度人口超过 2.5 亿,人才资源总量、科技人力资源、研发人员总量均居全球首位,高素质现代化人力资源队伍已成为推动我国现代化产业体系建设、促进经济发展的中坚力量③。《中国科技

---

① 谁拿走了财政教育经费的八成? [EB/OL]. (2024 - 07 - 21) [2024 - 09 - 30]. https://mp. weixin. qq. com/s? __biz = MzU5NzY3ODQ3Ng = = &mid = 2247542536&idx = 2&sn = e6f0b49f80530d45b66271cc1a5f948a&chksm = ffb773edaf823bc78a4fdec5dc2b02baae70561c0587b1fc974b5c85552722fb035d757134ec&scene = 27.

② 教育行业专题:国内教育经费配置结构研究[EB/OL]. (2024 - 07 - 16) [2024 - 09 - 30]. https://stock. hexun. com/2024 - 07 - 16/213593712. html.

③ 加快塑造现代化人力资源[EB/OL]. (2024 - 08 - 02) [2024 - 10 - 27]. http://www. xinhuanet. com/politics/20240802/4ca73410ae7e4cc9938239665ddedc88/c. html.

人才发展报告(2022)》显示,我国研发人员全时当量由 2012 年的 324.7 万人年提高到 2022 年的 635.4 万人年,稳居世界首位①。2023 年度"全球高被引科学家"名单中,共有 6849 名科学家获此殊荣,其来自全球 67 个国家和地区的 1300 多家机构。中国内地以 1275 人次入选的成绩,再次稳居全球第二位。值得注意的是,中国科学院此次有 270 人次上榜,相较于去年的 228 人次有所增长,从而成为拥有全球高被引科学家人次数最多的科研机构②。

人才是实现民族振兴、赢得国际竞争主动的战略资源,也是实现中国式现代化的关键支撑。习近平总书记在 2024 年 9 月召开的全国教育大会上强调,要统筹实施科教兴国战略、人才强国战略、创新驱动发展战略,一体推进教育发展、科技创新、人才培养。高校作为创新人才培养的主阵地、科技创新策源地、高层次人才的聚集地,是教科人一体化发展的集中交汇点,也是科技第一生产力、人才第一资源、创新第一动力的最佳结合点,更是提升人才竞争力的重要引擎。高校既培养人才也集聚人才,对于国家和区域的发展起到重要作用。全国专任教师从 1985 年的大约 931.9 万增长到 2023 年的 1891.8 万,数量上实现了翻番,质量上和影响力上也实现了跨越,超过 40% 的两院院士、近 70% 的国家杰青来自高校。2023 年度的国家科学技术奖励当中,高校教师牵头的占到三大奖励总数的三分之二左右,高校教师正成为我国高水平科技创新的主体参与力量③。就目前高校涉及的人才计划或项目来看,主要包括:院士(1955 年)、国务院政府特殊津贴(1990 年)、百千万人才工程(1994 年提出,1995 年实施、2012 年并入"国家高层次人才特殊支持计划")、国家杰出青年科学基金(简称杰青,1994 年)、教育部"长江学者奖励计划"(简称长江学者,1998 年)、教育部"新世纪优秀人才支持计

---

① 中华人民共和国科学技术部. 中国科技人才发展报告(2022)[M]. 北京:科学技术文献出版社,2023.9.

② 2023 年度"全球高被引科学家"名单发布[EB/OL]. (2023 - 11 - 16)[2024 - 10 - 27]. https://tech.gmw.cn/2023 - 11/16/content_36969894.htm.

③ 国新网. 国新办举行新闻发布会 介绍《中共中央 国务院关于弘扬教育家精神加强新时代高素质专业化教师队伍建设的意见》有关情况图文实录[EB/OL]. (2024 - 08 - 29)[2024 - 10 - 27]. http://www.scio.gov.cn/live/2024/34581/tw/.

划"(简称新世纪人才,2004 年,2014 年终止)、国家优秀青年科学基金(简称优青,2012 年)、国家高层次人才特殊支持计划(简称万人计划,2012 年设立,2013 年第一届)等。

研究生导师作为高校人才队伍建设中的核心,是我国研究生培养的关键力量,肩负着培养国家高层次创新人才的使命与重任。从 2013—2022 年高校硕士研究生导师分布,如表 16 所列。

表 16 2013—2022 年高等教育硕士研究生指导教师情况一览表　　　单位:人

年份	总数	29 岁及以下	30—34 岁	35—39 岁	40—44 岁	45—49 岁	50—54 岁	55—59 岁	60—64 岁	65 岁及以上
2013	315815	1456	24808	52398	65994	77822	50099	29752	7501	5985
2014	337139	1149	24112	55499	69115	73270	66960	31473	9098	6463
2015	363218	1402	24867	60344	73376	71807	81009	32255	11316	6842
2016	378947	1664	24913	64054	76242	70463	89112	32631	13560	6308
2017	403135	1725	25900	70695	79010	77139	88140	38876	15524	6126
2018	430233	1964	28371	74655	83932	81796	83389	53935	16331	5860
2019	462099	2247	31802	77647	92814	86884	78870	68789	16726	6320
2020	500906	2228	37953	82831	104429	92609	77763	79202	17007	6884
2021	556513	3205	44268	89230	119497	101936	82698	88932	17797	8950
2022	625061	3104	50599	97677	140823	112520	95761	90299	23486	10792

通过表 16 可以发现,总体来看,硕士生导师从 2013 年的 315815 人增长到 2022 年的 625061 人,增幅达到约 98%,反映出我国高等教育规模的持续扩大,以及国家对研究生教育投入的增加。同时,在 2013 年,45—49 岁年龄段的导师数量最多,仅在 2015—2018 年,50—54 岁导师数超越了 45—49 岁。到 2022 年,40—44 岁年龄段的导师数量已成为各年龄段之首,反映出硕士生导师队伍正在年轻化。此外,年轻教师(如 29 岁及以下、30—34 岁等年龄段)的数量也在逐年增加,为研究生教育注入了新的活力和创新思维。而 60 岁及以上年龄段导师的

数量也有所增长,但相对于总数而言,其比例并未显著增加。从年龄结构上来看,50 岁以上的教师数量在增加,其拥有丰富的学术经验和指导能力。年轻教师作为研究生教育的重要力量,其数量在迅速增长。

博士生导师方面,如表 17 所列,从总数变化来看,与硕士研究生指导教师相比,博士研究生指导教师的总数在 2013 年至 2017 年呈现出波动增长的趋势,但在 2018 年之后则有所减少。从年龄段分布来看,在博士研究生指导教师中,45—49 岁群体在 2013 年时数量较多,但随后逐渐被其他年龄段所超越。与硕士研究生指导教师类似,博士研究生指导教师的队伍也在逐渐年轻化。值得注意的是,29 岁及以下和 30—34 岁年龄段的教师在博士研究生指导教师中的数量相对较少。从年龄结构变化来看,博士研究生指导教师的年龄结构呈现出一种"老龄化"与"年轻化"并存的现象,但相比之下,中老年教师在博士研究生教育中的占比更高。

综上,硕士生导师总数远大于博士生导师总数,反映出我国研究生教育体系中硕士层次的教育更为普及。年龄结构差异方面可以看出,硕士生导师队伍呈现出明显的年轻化趋势,而博士生导师队伍则相对较为稳定。这与两者的选拔标准和职责要求有关。硕士生导师主要负责硕士研究生的培养和指导,对学术水平和科研能力的要求相对较低;而博士生导师则需要具备更高的学术造诣和科研能力,以培养和指导博士研究生进行更高层次的学术研究和创新;从发展趋势来看,硕士生导师队伍将继续保持增长态势,而博士生导师队伍会受到招生规模调整、高校博士点设置以及导师退休等多重因素的影响,呈现出波动变化的特点。

表 17 2013—2022 年高等教育博士研究生指导教师情况一览表   单位:人

年份	总数	29 岁及以下	30—34 岁	35—39 岁	40—44 岁	45—49 岁	50—54 岁	55—59 岁	60—64 岁	65 岁及以上
2013	18280	3	264	1135	2370	4756	3863	2745	1293	1851
2014	16028	5	209	910	1807	3222	4016	2440	1318	2101

续表

年份	总数	29 岁及以下	30—34 岁	35—39 岁	40—44 岁	45—49 岁	50—54 岁	55—59 岁	60—64 岁	65 岁及以上
2015	14844	4	175	715	1487	2636	4105	2383	1476	1863
2016	18677	37	390	1149	2210	2935	5558	2793	1913	1692
2017	20040	21	393	1365	2267	3164	5632	3267	2279	1652
2018	19238	97	387	1428	2235	2851	4421	3953	2217	1649
2019	19341	90	429	1424	2242	2844	3933	4491	2088	1800
2020	19854	11	430	1591	2652	3087	3855	4855	1948	1425
2021	11769	47	238	715	1157	1620	1773	3340	1397	1482
2022	13545	35	617	1295	1825	1767	2013	3034	1493	1466

事实上,为进一步切实提升研究生教育支撑引领经济社会发展能力,2020 年 9 月,教育部、国家发展改革委、财政部联合印发了《关于加快新时代研究生教育改革发展的意见》,明确要"提升导师队伍水平,完善人才培养体系"的总体要求,随之教育部又出台了《研究生导师指导行为准则》,多维并举,充分激发导师队伍的主动性、创造性,增强导师高水平育人的内生动力。人才是实现民族振兴、赢得国际竞争主动权的战略资源,也是实现中国式现代化的关键支撑。我们既要"抢人才",更要"留人才"。根据欧洲商学院最新全球人才竞争力指数(GTCI),中国排名由 2013—2018 年的第 49 位上升到 2019—2023 年的第 40 位,但仍远远落后于美国和瑞士等发达国家,其中在人才吸引力和人才留存两个分指标上中国表现尤为不佳,排名分别为第 91 位和第 74 位[1]。人才作为强国之本、圆梦之基,是推动社会发展的核心和关键,更是城市发展的支柱。这就要坚持全球视野,引育并举,既要走好人才自主培养之路,又要统筹推进优秀人才引进,充分发挥创新链、产业链、资金链、人才链深度融合的集成效应。

---

[1] 专家建言:中国应如何提高对顶级科技人才的吸引力? [EB/OL]. (2024 - 07 - 12)[2024 - 10 - 27]. https://www.163.com/dy/article/J6SUII110534A4SC.html.

二、地方高校人才状况分析

在当前人才作为第一资源的时代背景下,地方人才现状已成为推动区域经济社会发展进步的关键因素。随着全球化竞争的日益激烈和产业升级的不断深化,各地对于高素质、专业化人才的需求愈发迫切。围绕国之所需,各地抓紧推进新时代人才工作的战略谋划,与国家战略布局紧密协同,加快建设地方人才高地和创新中心,走差异化发展策略,为推动高质量发展提供人才支撑。而地方高校作为直接服务区域创新体系的龙头和骨干,是地方高校的重要职能,更是服务区域发展的必然趋势,是"地方高校地方办,地方高校为地方"。为更清晰把脉地方高校人才资源现状,以《中国统计年鉴》2012—2023 年我国地方高等院校正副高级专任教师数量为基数,以衡量或揭示不同区域间人才的差异性问题,详见表18、表19。就正高数量来看,是北京、江苏、广东位居前三甲;就副高数量来看,江苏、山东、河南三省位列前三。

表18　2012—2022 年我国地方性高等院校正高级教师数量一览表　　单位:万人

地区	2012	2013	2014	2015	2016	2017	2018	2019	2020	2021	2022
安徽	0.43	0.44	0.45	0.49	0.51	0.54	0.58	0.61	0.67	0.73	0.77
北京	1.31	1.66	1.74	1.79	1.99	1.97	2.04	2.11	2.28	2.11	2.12
福建	0.45	0.48	0.49	0.51	0.50	0.56	0.59	0.63	0.66	0.64	0.68
甘肃	0.24	0.27	0.29	0.31	0.32	0.33	0.35	0.39	0.42	0.45	0.47
广东	1.03	1.08	1.15	1.23	1.30	1.40	1.48	1.55	1.68	1.74	1.72
广西	0.34	0.38	0.40	0.41	0.44	0.47	0.49	0.54	0.58	0.59	0.62
贵州	0.21	0.25	0.27	0.29	0.30	0.33	0.34	0.38	0.38	0.41	0.43
海南	0.09	0.09	0.09	0.10	0.11	0.12	0.13	0.16	0.17	0.18	0.19
河北	0.86	0.91	0.96	0.99	1.00	1.01	1.04	1.08	1.01	1.13	1.12
河南	0.71	0.78	0.80	0.84	0.87	0.88	0.92	0.97	1.05	1.11	1.12
黑龙江	0.69	0.71	0.73	0.74	0.75	0.75	0.78	0.81	0.83	0.82	0.86
湖北	1.00	1.02	1.06	1.09	1.1	1.12	1.15	1.18	1.24	1.28	1.33

续表

地区	2012	2013	2014	2015	2016	2017	2018	2019	2020	2021	2022
湖南	0.65	0.71	0.70	0.71	0.75	0.77	0.81	0.86	0.89	0.92	0.96
吉林	0.54	0.57	0.58	0.61	0.64	0.66	0.67	0.68	0.71	0.68	0.69
江苏	1.20	1.27	1.34	1.41	1.46	1.57	1.64	1.75	1.85	1.77	1.88
江西	0.50	0.53	0.55	0.58	0.51	0.53	0.54	0.56	0.59	0.58	0.59
辽宁	0.83	0.87	0.90	0.92	0.90	0.91	0.93	0.96	0.99	0.96	1.00
内蒙古	0.23	0.25	0.26	0.27	0.27	0.28	0.3	0.32	0.33	0.32	0.34
宁夏	0.09	0.10	0.12	0.13	0.14	0.14	0.14	0.14	0.15	0.16	0.16
青海	0.08	0.08	0.07	0.08	0.08	0.08	0.08	0.08	0.07	0.07	0.07
山东	1.00	1.01	1.04	1.06	1.07	1.10	1.20	1.29	1.42	1.53	1.54
山西	0.29	0.30	0.30	0.28	0.29	0.28	0.29	0.30	0.32	0.30	0.32
陕西	0.75	0.78	0.80	0.82	0.85	0.88	0.92	0.98	1.03	1.04	1.11
上海	0.68	0.71	0.73	0.75	0.78	0.82	0.85	0.90	0.94	0.98	1.03
四川	0.74	0.80	0.86	0.89	0.91	0.90	0.97	1.01	1.09	1.00	1.06
天津	0.44	0.45	0.46	0.48	0.47	0.48	0.49	0.51	0.54	0.49	0.51
西藏	0.01	0.02	0.02	0.02	0.02	0.02	0.02	0.03	0.03	0.04	0.04
新疆	0.12	0.12	0.13	0.13	0.14	0.15	0.15	0.15	0.17	0.19	0.21
云南	0.33	0.36	0.38	0.39	0.40	0.41	0.42	0.42	0.45	0.46	0.48
浙江	0.72	0.76	0.80	0.85	0.88	0.92	0.95	1.01	1.08	1.12	1.17
重庆	0.38	0.41	0.43	0.45	0.46	0.49	0.51	0.55	0.59	0.61	0.63

表19 2012—2022年我国地方性高等院校副高级教师数量一览表　　单位:万人

地区	2012	2013	2014	2015	2016	2017	2018	2019	2020	2021	2022
安徽	1.40	1.47	1.51	1.57	1.61	1.66	1.70	1.74	1.81	1.93	2.05
北京	2.11	2.33	2.42	2.47	2.42	2.47	2.53	2.58	2.67	2.72	2.87
福建	1.13	1.18	1.23	1.25	1.30	1.35	1.43	1.56	1.65	1.67	1.81
甘肃	0.67	0.71	0.77	0.82	0.89	0.94	0.96	0.98	1.01	1.06	1.12

续表

地区	2012	2013	2014	2015	2016	2017	2018	2019	2020	2021	2022
广东	2.26	2.36	2.45	2.58	2.67	2.84	2.94	3.12	3.31	3.46	3.56
广西	0.92	0.97	1.03	1.04	1.07	1.16	1.22	1.29	1.38	1.43	1.56
贵州	0.70	0.80	0.87	0.95	1.06	1.11	1.12	1.18	1.23	1.22	1.29
海南	0.19	0.20	0.22	0.23	0.26	0.28	0.29	0.31	0.33	0.35	0.39
河北	1.84	1.95	2.03	2.09	2.13	2.22	2.28	2.39	2.54	2.61	2.71
河南	2.23	2.41	2.53	2.55	2.68	2.81	2.96	3.14	3.38	3.54	3.63
黑龙江	1.38	1.45	1.52	1.55	1.60	1.61	1.60	1.65	1.69	1.64	1.71
湖北	2.44	2.5	2.59	2.66	2.71	2.78	2.82	2.89	3.04	3.10	3.20
湖南	1.8	1.83	1.88	1.93	2.00	2.06	2.13	2.22	2.30	2.30	2.40
吉林	1.14	1.19	1.2	1.24	1.28	1.32	1.33	1.33	1.38	1.34	1.35
江苏	3.25	3.42	3.45	3.6	3.72	3.89	4.04	4.22	4.40	4.00	4.23
江西	1.37	1.41	1.46	1.51	1.40	1.46	1.48	1.54	1.64	1.70	1.74
辽宁	1.89	1.93	1.97	2.03	2.01	2.03	2.05	2.11	2.15	2.07	2.16
内蒙古	0.75	0.75	0.76	0.80	0.83	0.85	0.88	0.91	0.92	0.88	0.93
宁夏	0.19	0.19	0.22	0.22	0.23	0.24	0.23	0.24	0.25	0.26	0.27
青海	0.13	0.13	0.13	0.14	0.14	0.15	0.15	0.15	0.15	0.16	0.16
山东	2.65	2.74	2.87	2.98	3.05	3.22	3.36	3.52	3.74	3.94	4.08
山西	0.98	1.04	1.07	1.05	1.08	1.07	1.11	1.16	1.21	1.16	1.23
陕西	1.66	1.74	1.77	1.85	1.89	1.99	2.1	2.22	2.36	2.44	2.57
上海	1.26	1.29	1.30	1.35	1.38	1.41	1.44	1.49	1.53	1.59	1.67
四川	1.88	1.98	2.14	2.20	2.26	2.26	2.34	2.44	2.59	2.54	2.66
天津	0.97	0.99	1.00	1.01	0.98	1.01	1.04	1.06	1.10	1.03	1.09
西藏	0.06	0.08	0.09	0.08	0.08	0.08	0.08	0.08	0.08	0.08	0.08
新疆	0.52	0.51	0.54	0.56	0.58	0.59	0.57	0.56	0.57	0.60	0.65
云南	0.85	0.91	0.96	1.00	1.05	1.08	1.11	1.17	1.20	1.20	1.26
浙江	1.64	1.72	1.79	1.83	1.86	1.92	1.95	2.01	2.07	2.12	2.23
重庆	0.99	1.02	1.08	1.14	1.17	1.20	1.23	1.29	1.39	1.44	1.51

就表 18—19 汇总的数据来看,总量方面,江苏、广东、山东等省份的正副高教师数量在全国位列前位。以 2022 年江苏省为例,正高级教师为 1.88 万人,副高级教师为 4.23 万人;广东省正高级教师为 1.72 万人,副高级教师为 3.56 万人;山东省正高级教师为 1.54 万人,副高级教师为 4.08 万人,这表明这几个省份在正副高级教师数量上具有较大优势。就各省份正副高级教师数量的增长情况来看,其呈现出一定差异。从副高级教师增长速度来看,增长最大的省份为河南、山东以及广东省。其中河南省由 2012 年的 2.23 万人增加至 2021 年的 3.54 万人,累计增加 1.31 万人;山东省由 2012 年的 2.65 万人增加至 2021 年 3.94 万人,累计增加 1.29 万人;广东省由 2012 年的 2.26 万人增加至 2021 年的 3.46 万人。体现出这些省份在副高级教师数量增长方面的强劲态势。而变化较小的为天津、青海、西藏。天津从 2012 至 2021 年累计增加 0.06 万人,青海累计增加 0.03 万人,西藏累计增加 0.02 万人,与前面增长较大的省份形成鲜明对比。从正高级教师增长变化幅度来看,增长变化幅度最大的为北京、广东、江苏等地。北京市由 2012 年的 1.31 万人增加至 2021 年的 2.11 万人,增加值高达 0.8 万人;广东省由 2012 年的 1.03 万人增加至 2021 年的 1.74 万人,增加值达到 0.71 万人;江苏省由 2012 年的 1.2 万人,增加至 2021 年的 1.77 万人,增加值达到了 0.57 万人。再加上山东省,这四个省的累计增加值均超过了 0.5 万人,显示出这些省份在正高级教师数量增长方面的突出表现。最后,就正高与副高的比例情况来看,其存在明显的地域差异。如北京、上海等地区,正高级教师的比例相对较高;而中西部地区如贵州、甘肃等,副高级教师的比例相对较高,正高级教师的数量相对较少。

综上所述,我国大部分省份的高等院校正副高级教师数量正逐年增加,具体而言,广东、江苏、浙江等地的人才指数增长较为明显。河南、湖北、四川等内陆省份显示出稳定的增长态势。辽宁、吉林、黑龙江、甘肃、宁夏等省份的人才指数增长相对平缓,面临着人口外流和经济转型的挑战。云南、贵州、西藏、新疆等地的人才指数增长幅度不一,但整体上呈现上升趋势。即一些省份人才基数较大,但增长速度放缓,人才开始向其他地区转移。同时,一些省份虽然起点较低,但

增长迅速,显示出强劲的发展潜力和吸引力。此外,北京、广东、江苏等地,人才
基数增长迅速,究其原因:(1)教育政策调整。教育政策的变化导致教师数量和
结构的调整。例如,山西省人社厅、教育厅联合印发的《关于进一步做好全省中
小学岗位设置管理工作的通知》中提到,中小学教师高级岗位尤其是副高岗位比
例大幅提升,初级和中级岗位在教龄达标情况下可直接参加职称评审,即如果政
策鼓励提高教师的学历水平或者加强某些学科的师资力量,会导致高级教师数
量的增加。(2)经济发展水平。充足的教育投入是提升教育质量的前提,而经济
发展的好坏直接影响政府对教育的投入,这种连锁反应会直接传导到对教师的
支持力度以及待遇,不利于吸引更多优秀人才加入教育行业。(3)人口结构变
化。随着人口老龄化以及生育观念的改变,出生率的降低,将会导致适龄入学儿
童的数量逐年减少,使得教师行业的需求量逐渐萎缩,这也使教育部门对教师的
要求不断提高。(4)教育资源配置。教育资源的合理配置对于教师数量和结构
的变化也有重要影响。当教育资源倾向于某些地区或学校,会产生聚集效应,会
使更多优秀人才聚焦这些地方或学校,反之会使教师数量减少。(5)社会对教育
的重视程度。社会对教育的重视程度也会影响教师数量和结构的变化。

第三节　典型区域研究

一、天津高等教育财政支出

天津作为我国四大直辖市之一,市内共有 56 所高校,其中本科院校 30 所
(包括公办普通本科院校 19 所和民办普通本科 11 所),专科院校 26 所(包括公
办职业专科院校 25 所和民办职业专科院校 1 所)。其中包含南开大学、天津大
学两所 985 高校,以及天津医科大学 1 所 211 大学。此外,还有天津中医药大学、

天津工业大学两所双一流大学。在学科建设方面,有 5 所高校、12 个学科入选国家"双一流"建设行列,31 个学科进入全国第四轮学科评估前 10%。在教师能力素质方面,普通高校具有硕士及以上学位的专任教师占比达到 93.2%,2023 年较 2018 年提升 12.6 个百分点,职业教育"双师型"教师占比达到 72.3%。同时,高校科技创新能力有效增强,2023 年全市高校成果转化合同额 29.15 亿元,分别较 2022 年、2021 年、2020 年和 2019 年增长 20.3%、17.1%、27.9% 和 8.8%。

天津作为中国北方重要的城市之一,一直以来都特别注重教育事业的发展,致力于打造教育强市。而教育支出的增加是天津走向教育强市的关键之一,也为进一步推动了城市发展提供了动力和支持。如表 20 所列,2023 年天津市一般公共预算教育支出为 491.79 亿元,2022 年为 478.94 亿元,其增长率为 2.69%。从长期来看,2010 年教育支出为 229.56 亿元,2023 年为 491.79 亿元,其年均增长率为 8.78%。综合其变化趋势可以发现,天津市一般公共预算教育支出呈现出波动上升的趋势。在 2010—2016 年期间,教育支出先上升(如 2010—2015 年),在 2016 年达到 502.49 亿元的较高值,之后有所下降,到 2020 年为 442.91 亿元,然后又开始上升。与 GDP 的关系方面,随着 GDP 的增长,教育支出也在增长,但增长幅度并非完全同步。例如,2018 年 GDP 为 18809.64 亿元,教育支出为 448.19 亿元;2019 年 GDP 为 14104.28 亿元,教育支出为 467.63 亿元。GDP 下降但教育支出上升,说明教育支出不完全依赖于 GDP 的增长,政府在教育方面具有独立的政策导向。

表 20 2009—2023 年天津市一般公共预算支出—教育　　　　单位:亿元

年份	天津市一般公共预算支出—教育	GDP
2023	491.79	16737.30
2022	478.94	16311.34
2021	479.25	15695.05
2020	442.91	14083.73
2019	467.63	14104.28

续表

年份	天津市一般公共预算支出一教育	GDP
2018	448.19	18809.64
2017	434.59	18595.38
2016	502.49	17885.39
2015	507.44	16538.19
2014	517.01	15722.47
2013	461.36	14370.16
2012	378.75	12885.18
2011	302.32	11190.99
2010	229.56	9224.46
2009	173.61	7500.80

如表21所示,天津市教育经费由2014年的6326265万元上升至2021年的6664572万元,增长率为5.35%;国家财政性教育经费由2014年的5532759万元下降至2021年的5355015万元,增长率为3.21%;民办学校办学经费由2014年的2948万元上升至2021年的80931万元,增长率为2646.3%,其增长非常迅速,与民办教育市场的不断发展和政策支持等因素相关;教育经费社会捐赠经费由2014年的4864万元上升至2021年的6758万元,增长率为39%;教育经费事业收入由2014年的701025万元上升至2021年的1095100万元,增长率为56.2%,与教育收费政策调整以及其他收入来源结构变化等原因相关;教育经费学杂费由2014年为5628771万元上升至2021年的926576万元,增长率为64.6%;其他教育经费由2014年的84668万元上升至2021年为126767万元,增长率为49.7%。结合以上变化趋势可以看出,各类教育经费的变化趋势差异较大。教育经费总体呈缓慢上升趋势,国家财政性教育经费有小幅度下降趋势。民办学校办学经费呈现出爆发式增长,反映出民办教育的快速发展。教育经费社会捐赠经费有一定增长,显示社会对教育捐赠的关注度在提高。教育经费事业收入

大幅上升,学杂费增长较快,即教育经费来源结构在调整,从事业收入向学杂费等其他方面转移。其他教育经费的大幅上升,其现实原因可能是由于统计口径或者资金来源结构的重大调整而导致。

表 21 2014—2021 年天津市教育经费一览表　　　　单位:万元

指标	2021 年	2020 年	2019 年	2018 年	2017 年	2016 年	2015 年	2014 年
教育经费	6664572	6031844	6270839	6351712	5850624	5365129	5605736	6326265
国家财政性教育经费	5355015	5035674	5188454	5343469	4951367	4530501	4775063	5532759
民办学校办学经费	80931	28487	41781	6099	3826	2168	2613	2948
教育经费社会捐赠经费	6758	4761	3945	3714	5336	3656	3194	4864
教育经费事业收入	1095100	873020	900306	851291	804001	736267	720132	701025
教育经费学杂费	926576	753273	775476	725140	676659	610873	586885	562871
其他教育经费	126767	89901	136352	147139	86094	92537	104735	84668

表 22 2012—2021 年天津市高等教育财政支出一览表　　　　单位:亿元

年份	高等教育财政支出	增减比例%
2012	207.97	—
2013	209.09	0.54%
2014	202.50	−3.15%
2015	223.28	10.26%
2016	227.73	1.99%
2017	292.04	28.24%
2018	328.23	12.39%
2019	288.20	−12.20%
2020	289.21	0.35%
2021	296.15	2.40%

如表22可见，天津市高等教育财政支出在具有一定的波动性，但总体呈现上升趋势，从2012年的207亿元增加到2021年的296亿元，这表明天津市对高等教育的投入在绝大多数年份中都有所增加。整个期间，仅有2014年、2019年两个年份支出有所减少，也是仅有的两个负增长年份。最大的增长出现在2017年，增长率达到了28.24%。基于以上变化反映了天津市在不同时间段对高等教育的重视程度和财政投入策略的调整。2017年天津市高等教育财政支出相比其他年份有显著变化。而2019年和2020年财政支出下降的主要原因：第一，受到新冠肺炎疫情的影响，导致财政专项资金和事业收入、投入减少。第二，天津市政府在2020年实施了严格的财政支出控制措施，坚持以收定支、量入为出的原则，大力压减一般性支出和非急需政府投资项目。第三，《天津市教育领域财政事权和支出责任划分改革方案》的出台，对教育领域财政事权和支出责任进行了重新划分，对高等教育财政支出产生了一定影响。

二、天津人才吸引力现状

发展的关键在创新，创新的关键在人才。2024年春节前夕，习近平总书记在视察天津时指出，"天津作为全国先进制造研发基地，要发挥科教资源丰富等优势，在发展新质生产力上勇争先、善作为"。发展新质生产力，就需要聚集高水平创新型人才。事实上，天津积极打造人才集聚"强磁场"，助力人才扎根天津，服务天津。2018年3月，《天津市进一步加快引育高端人才若干措施》出台，重点实施了八条举措，着力打造人才聚集创新之城、创业之都，加快实现"天下才天津用"。2023年10月，为助力天开高教科创园等重点区域建设，助推我市经济社会高质量发展提供了支撑，天津市人力资源和社会保障局等七部门出台了《关于深入落实科教兴市人才强市行动 加快引进优秀人才来津创新创业的若干措施》。2024年1月，《天津市人才发展促进条例》正式公布，该条例共包括7章61条款，主要涵盖人才培养、开发、人才引进、流动、使用、评价、激励、服务、保障。2024年10月，天津市人社局、市公安局、市规划资源局、市住房城乡建设委联合出台了《天津市人才公寓认定支持办法》的政策，这一措施不仅降低了人才居住成本，同时也为天津城市发展注入了新活力。自 2018 年 5 月实施"海河英才"计划以来，截至 2024 年 9 月底，累计引进各类人才 49.8 万人，天津正成为厚植人才沃土，铸就高质量发展的"人才蓄水池"。站在"两个一百年"的历史交汇点，人才问题正成为破解社会经济发展的关键，而高校作为高层次人才的主要聚集地，清晰把脉人才状况的价值和意义就更加凸显。为进一步厘清人才吸引力问题，主要从两个方面入手：

一是年新增教师数。通过《天津市教育年鉴（2019—2023）》可以发现（如表 23 所列）：

表 23　天津市普通高校专任教师变动情况　　　　　　单位：人

年份	增加教师数				减少教师数		
	总计	招聘（应届生）	调入（外校）	校内变动	总计	调出	辞职
2018	2191	917	496	349	1889	265	262
2019	2647	1081	595	564	1358	153	313
2020	3105	996	833	827	1517	171	439
2021	1863	794	168	280	3390	136	420
2022	2074	789	123	347	1587	148	455

在 2018—2022 年期间，天津市普通高校专任教师从 2018 年的 2191 人逐年增加，2020 年达到最高点 3105 人，之后在 2021 年和 2022 年有所回落，分别为 1863 人和 2074 人。教师减少数由 2018 年减少 1889 人，2019 年减少 1358 人，2020 年减少 1517 人，2021 年减少 3390 人，2022 年减少 1587 人。就招聘与流动情况来看，招聘应届生的数量在 2019 年和 2020 年较为稳定，分别为 1081 人和 996 人，2021 年招聘人数下降至 794 人；外校调入的教师数量在 2018 年到 2020 年间呈现增长趋势，2020 年达到 833 人，校内变动的教师数量在 2018 年至 2022 年之间波动，最高为 564 人（2019 年），最低为 168 人（2021 年）。就辞职与调出情况来看，辞职人数在 2019 年为 313 人，2020 年增加至 439 人，2021 年又上升至

420 人,2022 年再次上升至 455 人。调出人数在 2018 年为 265 人,逐年波动,2021 年达到 136 人,2022 年为 148 人,整体上看,调出人数相对较少。此外,就天津市高校历年教师招聘数量来看,2020 年高校招聘共计 52 场,招聘总数 884 人,招聘辅导员 260 人,招聘思政老师 160 人;2021 年高校招聘共计 35 场,招聘总数 530 人,招聘辅导员 176 人,招聘思政老师 65 人;2022 年高校招聘共计 23 场,招聘总数 793 人,招聘辅导员 112 人,招聘思政老师 11 人,其中招聘副高,博士等高级人才 533 人,硕士本科岗位 260 人。虽然,天津市市属高校招聘场次数量在有所减少,但前来应聘的数量却呈现出爆发趋势,比如 2024 年 10 月天津师范大学第四批公开招聘 8 名辅导员,实际通过资格审核且已完成缴费的人数却达到 983 人。从学历层次的要求来看,2021 年招聘还有部分硕士岗位,到 2023 年对博士和高级专业技术职务岗位的需求成为绝对的主体,硕士岗位已很难寻觅,高学历、高职称人才成为高校需求的主力军。

二是,本市高校毕业生留津情况。高校毕业生是"就业大军",也是高水平人才的"后备军",更是最富创造力和发展活力的群体。对此,各地在"留住本土人才",尤其是留住高校毕业生上各出奇招。武汉自 2017 年在全国率先提出留下百万大学生,启动了"百万大学生留汉创业就业工程",即"学子聚汉"工程。7 年间留汉就业创业的大学生已超过 200 万,提前 2 年完成百万大学生留汉计划。2024 年 1—6 月,已有 12.5 万名大学生实现留汉。2024 年,吉林省启动实施"高校毕业生留吉工程",力促 15 万毕业生留吉;遵义市更是出台了《遵义集聚高校毕业生留(来)遵六条措施》(2024)。天津市《关于深入落实科教兴市人才强市行动加快引进优秀人才来津创新创业的若干措施》(2023)十大措施中的第一条就是"引进留住高校毕业生"。就城市发展视角来看,人才的厚度关乎城市发展的后劲。一座城市对人才的吸引,首先取决于城市对待人才的态度,而能否有效留住本地高校毕业生,是充实城市家底的有效路径。事实上,通过对天津市部分高校 2021—2023 年毕业生就业数据来看,南开大学 2021—2023 年,毕业生平均就业率为 93%以上,留津率保持在 30%左右;天津大学 2021—2023 年,毕业生平均就业率在 94%以上,留津率保持在 35%左右;天津医科大学 2021—2023 年,毕业生就业率逐年递增,分别为80%、80.58%、85.56%,其毕业生平均留津率高达57%,其中,2022届毕业生留津率达到60.56%;河北工业大学2021—2023年,毕业生平均就业率在86%以上,留在京津冀地区就业的比例保持在60%左右。综上,就四所高校毕业生就业率、留津率情况来看,天津市高校毕业生就业率为80%左右,留津率为30%上下,其中留津率最高的为天津医科大学。留津学生数量的多少一方面反映了当地创业就业环境的氛围,另一方面也是城市吸引力的体现。

三、影响人才吸引力因素

(一)受访者基本情况

为进一步探究影响人才吸引力的因素,通过对天津市属高校教师的问卷调查,调查问卷有效样本共计468份,其基本信息分布如表23所列:

表24 调查样本的基本信息统计表

类别	详细	频率	百分比(%)
性别	男	182	38.89
	女	286	61.11
年龄	30岁以下	13	2.78
	30—39岁	221	47.22
	40—49岁	184	39.32
	50—59岁	47	10.04
	60岁以上	3	0.64
职称	助教(初级)	0	0
	讲师(中级)	231	49.36
	副教授(副高)	165	36.76
	教授(正高)	61	13.03
	未评聘	4	0.85

续表

类别	详细	频率	百分比(%)
学历	专科	0	0
	本科	23	4.91
	硕士研究生	72	15.38
	博士研究生	373	79.71
教龄	1 年以下	47	10.04
	1—5 年	133	28.42
	6—10 年	65	13.89
	11—15 年	92	19.66
	16—20 年	65	13.89
	20 年以上	66	14.10
学科分布	哲学	3	0.64
	法学	15	3.21
	文学	47	10.04
	理学	59	12.61
	军事学	1	0.21
	艺术学	101	21.58
	经济学	8	1.71
	教育学	15	3.21
	历史学	3	0.64
	工学	93	19.87
	医学	95	20.30
	管理学	23	4.91
	交叉学科	5	1.07

从性别来看,主要以女性为主;从年龄来看,以 30—49 岁的居多,占比整体受调查者的 86.54%,60 岁以上的占比最少,仅 3 人;从职称来看,主要以讲师群体为主,其次为副教授;从学历来看,硕博占比高达 95.09%,其中博士达

79.71%;从教龄来看,整体分布较为均衡;从学科来看,主要涵盖艺术学、工学、医学,其次为理学与文学,交叉学科占比较少。

(二)高等教育财政支出

就天津市高等教育财政支出关注度而言,仅有53.55%的关注过,46.45%的未关注;与此同时,55.7%的人员认为高等教育财政支出与教育发展不匹配。这一方面可能由于高等教育财政支出的信息公开或宣传还不到位,政府与民众之间信息双向互动机制还不顺畅、还不充分,习惯于"单向公开",而"双向交互"才是实现城市治理目标的重要基础;另一方面民众对教育财政并不关注,感觉事不关己,这可能与教师的实际需求还不相对应。

就高等教育财政专项支出重点领域而言,41.94%的人认为应投放于学科专业建设,其次为科研保障以及人才补贴,对于平台建设、教师培训以及团队资助的占比较少,具体见表25。

表25　高等教育财政支出重点投放认知占比

选项	占比	选项	占比
学科专业建设	41.94%	平台建设	6.88%
团队资助	1.94%	人才补贴	18.92%
科研保障	24.09%	教师培训	6.24%

就高等教育财政支出存在的主要问题而言,68.59%的人认为教育财政支出投入不足。其次,认为财政绩效考核流于形式,评价结果作用发挥不大的为146人,占比31.2%,说明相当一部分人认为财政绩效考核未能有效发挥作用,存在形式化的现象。认为教育财政支出结构不合理,青睐于硬件设施,对人的投入少占比为53.21%,反映出高等教育财政支出在结构方面存在问题,倾向硬件设施投入而对人的投入不足。25.43%的被调查者认为高等教育财政支出拨付使用资金时间较短,容易形成突击消费,同时,39.32%的被调查者认为报销程序繁琐,流程长,环节多。对项目前期规划少,易受领导意志影响;多头管理,无法形

成统一意见;监管不到位,缺少过程管理等问题,占比分别为 13.03%、5.98%、5.77%,说明项目前期规划缺乏,并且容易受领导意志左右,高等教育财政支出在管理上存在多头管理的情况,难以达成统一意见。且在监管方面存在漏洞,过程管理缺失。

就财政支出与教育发展匹配问题来看,55.53% 的被调查者认为,高等教育财政支出与教育发展是不匹配的。同时,57.48% 的被调查者认为自己所在城市财政资金支持人才的吸引力效果一般,仅有 6.72 的被调查者认为非常有效,这表明当前高等教育财政投入未能充分满足教育发展的需要,财政资源在高等教育内部可能存在分配不均的问题,学校之间、学科之间资源分配不均,导致高等教育发展不平衡,部分地区的教育水平难以提升。同时,大部分被调查者认为所在城市财政资金支持人才的力度对人才的吸引力效果一般,反映了城市在吸引和留住人才方面面临的挑战。

同时,在调查中显示,有 68.6% 的人认为,天津市高等教育财政支出投入与新时代高等教育发展的规模适应,一半的人认为天津市教育财政支出的结构还不合理,青睐于硬件设施的投入,对人的投入较少,也有一些人认为天津市财政绩效考核流于形式,评价结果作用发挥不大,报销程序烦琐,流程长、环节多。在就所在城市财政资金支持人才的力度对人才吸引力效果方面以及政府提供的住房补贴或解决方案能否助力在某地生活和工作的调查中均显示,超过 10% 的人认为天津市财政资金支持人才的力度对人才吸引力效果无效或者政府提供的住房补贴或解决方案对于人才在某地生活和工作没有帮助。

(三)人才流动吸引因素

就地方人才吸引力调查发现(见表26),地方收入水平是吸引人才流动的首要因素。随着生活成本的上升,人们越来越倾向于选择能够提供更高薪酬的工作地点,以确保自己和家庭有效需求得到满足。第二是子女教育,子女教育的投入随着社会对于教育程度的重视而不断增大,而选择优质教育资源是确保孩子未来发展的重要考量之一。天津市作为"高考天堂",凭借丰富的教育资源、优质的教学环境和严谨的教育体系,是吸引人才的重要方面。2024 年天津高考总人数为 7.08 万人,本科录取率为 70.5% ;而同期高考"困难户"河南省高考人数 136 万人,本科录取率仅为 34.2% 。两者差距之大,这也成为天津市能够吸引人才来津工作的重要原因之一。第三是个人发展机会,良好的职业发展平台、丰富的培训资源以及广阔的职业晋升空间是吸引人才留住人才的重要载体,发展人才、培养人才才是王道,就会更具吸引力。商品房价格直接关系到人才的居住成本。高昂的房价会增加生活负担,影响生活质量,因此房价成为人才选择居住地的重要考量因素。医疗服务是居民生活质量的重要保障,其余依次是:经济发展水平、文化氛围、生态环境、创新氛围、交通条件、餐饮服务。

表 26　地方影响因素对人才吸引力

影响因素	占比	影响因素	占比
收入水平	86.77%	消费水平	35.36%
商品房价格	52.06%	医疗服务	43.17%
子女教育	72.45%	个人发展机会	67.46%
交通条件	9.33%	餐饮服务	0.87%
文化氛围	25.81%	创新氛围	10.63%
生态环境	13.88%	经济发展水平	28.63%

同时,通过在"您选择留在某地工作,最需要政府提供哪些支持?"的问题,研究发现,选择子女升学与就业、租房与购房补贴占比最高,均超过 60% 以上,这两方面是作为服务型政府关注的重点。

表 27　留住人才政府需要提供的保障占比

影响因素	占比	影响因素	占比
创业政策与资金	44.52%	创新政策与载体	35.36%
子女升学与就业	66.24%	配偶安置	33.12%
租房与购房补贴	60.65%	医疗服务	34.19%
技能培训	10.11%	人才公寓	25.38%

续表

影响因素	占比	影响因素	占比
职业规划	24.52%	税收优惠	10.75%
购车指标	11.4%		

对于影响人才换新东家的主要因素在于所在单位的发展空间、必要的工作条件和经费。人才在选择新单位时,清晰的职业发展路径、广阔的晋升空间以及良好的个人成长环境,是吸引并留住人才的关键。工作条件和经费作为人才开展工作、进行创新和研究的基础。良好的工作条件能够有效提升工作效率和成果质量,而充足的经费保障则是科研项目顺利进行、技术创新得以推进的重要保障。40.56%的人选择工资待遇,工作待遇作为影响人才选择新单位时最直接且现实的考量因素之一,高工资待遇直接反映了人才的价值和贡献,在现代社会中,随着生活成本的上升和竞争压力的增大,人才对于工资待遇的期望越来越高。平台与机遇占比为33.41%,其是人才实现个人价值和发展目标的重要保障。一个优秀的平台能够为人才提供更多的学习和交流机会、更广阔的视野和更丰富的资源支持。同时,平台还能够为人才提供更多的发展机遇和挑战,激发他们的创新精神和创造力,推动他们在专业领域取得更高的成就。相比其他因素而言,政府公共服务(1.95%)在人才选择新单位时的影响力较小。其原因在于政府公共服务主要关注于社会的整体福利和公共服务水平,而非直接针对个体人才的职业发展需求。然而,值得注意的是,一个地区政府公共服务的完善程度也会间接影响到人才的选择。此外,配偶编制(3.9%)对于某些特定群体(如双职工家庭)来说可能是一个重要的考量因素。然而,在整体人才选择新单位的因素中,其影响力相对较小。

表28　影响人才来新单位的主要因素

影响因素	占比	影响因素	占比
所在单位发展空间	67.9%	地区吸引力	42.08%
必要的工作条件和经费	60.74%	领导重视程度	6.94%
国外交流机会	6.29%	平台与机遇	33.41%
政府公共服务	1.95%	分配与激励机制	11.28%
人才引进后的继续培养	13.88%	工资待遇	40.56%
配偶编制	3.9%		

在人才对当地工作生活满意度方面,15.27%的被调查者选择非常满意,40.43%的为满意,38.71%的选择一般,仅有3.87%的觉得不满意,非常不满意的仅占整体1.72%,这说明天津市人才对于生活的满意度较高。对于调动意向问题,68.82%的被调查者表示没有,仅有10.11%的表示有想法。这也从侧面验证了前一问题的回答,目前天津市人才队伍相对稳定,一方面在待遇平台方面给予充足保障,另一方面在教育资源、生活环境以及公共服务上下足功夫,充分显示了天津城市的魅力。

对于人才引进政策了解途径来看,大部分人通过政府官网、微信公众号以及新闻官方媒体等途径获取,而对于当前高校人才政策,49.25%的人了解程度一般,30.54%表示了解,7.53%表示非常了解,不了解以及非常不理解的分别为8.82%与3.87%,说明对于当前政策宣传推广还有空间,了解政策是第一步,也是关键一步,这是吸引人才、发挥人才作用的关键一环和重要一环。

表29　人才流动吸引因素矩阵

影响因素	综合得分	影响因素	综合得分
地区经济发展状况与发展水平	7.81	单位给予的收入水	8.03
房价水平	7.31	科学研究支持平台	7.88
国外交流机会	7.20	公共卫生资源	7.6

续表

影响因素	综合得分	影响因素	综合得分
地区创新氛围	7.65	地区人均GDP	7.4
地区空气质量	7.25	交通便利程度	7.56
地区教育资源	8.07	地区高等院校数	7.54
当地高考录取率	7.67	当地物价	7.35

基于人才流动吸引因素的矩阵分析发现,分值均超过7.0,这意味着各因素均非常重要。地区教育资源对综合得分为8.07,最为重要,究其原因在于优质的教育资源对于个人及家庭的长期发展至关重要。高水平的教育不仅有利于提升了个人的知识技能,更为子女未来教育提供了更多选择和更高起点;并且,教育资源丰富的地区往往拥有浓厚的文化氛围和学术环境,有利于激发创新思维和学术追求,对追求知识和成长的人才具有强大吸引力。其次,是单位给予的收入水平位列第二,综合得分为8.03。收入水平是衡量生活质量和工作价值的重要指标。较高的收入水平能够满足个人及家庭的基本生活需求,并提供更多的消费选择和储蓄空间。同时,合理的薪酬体系也是个人工作价值的体现,有利于增强职业满意度和忠诚度,从而减少人才流失。地区经济发展状况与发展水平得分为7.81,位列第三,经济发展好的区域通常意味着拥有更多的就业机会、更完善的基础设施和更高的生活质量,对人才具有较大的吸引力。此外,科学研究平台不可或缺,这不仅直接影响科研成果的产出和个人的职业发展,而且也是吸引人干事创业的基础。

综上,基于地方人才吸引力问卷调查发现,教育资源是吸引人才流动的核心要素,同时,对于人才去留问题,收入水平、子女教育与个人发展机会是主要影响因素,因此,其在"若您选择留在某地工作,最需要政府提供哪些支持?"问题方面,大部分人认为政府应在子女升学与就业以及租房与购房补贴上提供支持。此外,通过对相关专家访谈也得到一些启示:

专家A:教育是一项长期且高成本的投资,家庭收入水平决定了其在教育上的投资能力,直接影响子女能够获得的教育资源。高收入家庭往往能够为子女提供更优质的教育环境,包括选择更好的学校、参加课外辅导和兴趣班等,从而提升子女的教育水平;其次,政府通过财政支出加大对教育的投入,可以改善教育设施、提高教师待遇、扩大教育规模等,从而提升整体教育水平。同时,高素质的教育资源也是吸引人才的重要因素之一,政府通过增加教育财政支出,提高整体教育水平,将直接提升城市的人才吸引力。

专家 B:一方面,政府通过财政支出加大对教育的投入,可以显著提升教育资源的质量和数量,从而有助于缩小不同地区、不同学校之间的教育资源差距,促进教育公平。而良好的教育资源是培养高素质人才的基础。优质的教育可以为学生提供全面的知识体系和技能训练,使其在未来的职业发展中具备更强的竞争力。对于人才而言,在选择居住地和工作地时,会优先考虑那些能够提供良好教育环境和职业发展机会的地区,当初选择来天津就是看中了这一点。另一方面,政府可以通过财政支出设立专门的人才发展基金或专项资金,用于支持人才引进、培养和奖励等工作,从而提高地区对人才的吸引力。而且,科技经费的投入对区域人才吸引力具有显著影响。当科技经费投入达到一定规模时,将能够吸引更多高层次人才前来从事科研和创新活动。然而,当科技经费投入过度时,可能会产生"倒 U 型"效应,即过多的投入反而会降低对人才的吸引力,因此,财政支出与人才吸引力之间存在着紧密的联系。

专家 C:高等教育财政支出的增加可以直接用于改善教学设施、提高教师待遇、增加科研经费等,通过增加对高等教育尤其是弱势地区和群体的财政支持,可以缩小不同地区、不同群体之间的教育差距,促进教育公平。教育公平的实现有助于提升整个社会对高等教育的认同感和满意度,进而增强地方对人才的吸引力。其次,高等教育财政支出中的一部分用于资助学生奖学金、助学金、科研项目等,有助于激发学生的学习热情和创新能力,培养更多高素质的人才。最后,高等教育机构是城市文化和精神的重要载体。通过加大对高等教育的财政投入,可以提升地方高等教育的知名度和影响力,进而提升城市的整体形象和文化软实力。这种软实力的提升有助于吸引更多的人才和资本前来投资和发展。

高等教育作为国民教育体系的重要组成部分,在推动中国式现代化的进程中发挥着关键性的作用。财政作为国家治理的基础与重要支柱,正如习近平总书记所指出,"科学的财税体制是优化资源配置、维护市场统一、促进社会公平、实现国家长治久安的制度保障"[1]。综合问卷与访谈以及现有的研究可以看出,高等教育财政支出与地方人才吸引力之间存在着紧密联系,并且高等教育财政投入对我国经济增长具有正向拉动影响[2]。

第四节 小 结

第一,从高等教育财政支出状况来看,我国高等教育财政拨款模式历经三个主要阶段。"基数 + 发展"模式以定员定额确定高校财政资源,存在不利于成本控制和经费使用效率的问题;"综合定额 + 专项补助"模式在一定程度上保证了拨款总量的科学性,但会促使高校盲目扩招;"基本支出预算 + 项目支出预算"模式则保障了高校支出透明度,加强了行政部门对财务的控制。事实上,自新中国成立以来,我国高等教育规模迅速扩大,其得益于高等教育经费的持续增加。我国不断出台政策强调教育投入的重要性,虽已实现国家财政性教育经费支出占 GDP 比例达到4%的目标且连续 11 年"不低于4%",但与世界教育强国相比仍有差距,且当前该比重逼近 4% 红线,压力较大。这一比重与我国财政收入占 GDP 比例长期低于世界平均水平的现状相关,能坚守这一底线对我国教育发展意义重大。

第二,从我国高等教育支出情况来看,高等教育经费支出在国家财政支出中

① 匡小平,李辉.我国高等职业教育财政投入效率评价[J].职业技术教育,2024,45(07):50-57.
② 银琴.中国高等教育财政支出对经济增长的影响研究[D].云南:云南财经大学,2021.

占据重要地位,且呈增长趋势。2023 年各教育阶段经费投入中,高等教育经费投入仅次于义务教育阶段。从 1995—2023 年高等教育财政支出总体增长,但其间增长率有较大波动。我国政府对高等教育支持力度不断加大,原因包括经济发展、政府重视教育优先发展以及人口结构变化带来的教育资源需求增加等。同时,我国建立了完善的学生资助体系以保障学生不因家庭经济困难失学。从地方高等教育支出现状来看,地方高等教育财政支出对地方人才发展至关重要。中央与地方对高校财政投入有明确划分,地方财政在高等教育支出中的比重逐渐增加。我国各省区市高等教育经费投入存在显著地域差异,经济发达地区投入较高,如东部沿海地区,中部部分地区也有增长,西部部分地区投入虽低但也有增长趋势,而一些经济发展水平较低的地区投入少影响了当地教育发展。这种差异主要源于区域经济发展水平和经费来源渠道的不同。

第三,从我国高校人才现状来看,在全国高校整体人才状况方面,基于新时代人才强国战略,我国人才资源总量居全球首位,高校在人才培养和集聚方面发挥着不可替代的作用。我国劳动年龄人口中大学文化程度人口众多,研发人员数量居世界首位,在国际高被引科学家排名中表现优异。高校专任教师数量和质量均有提升,众多高层次人才来自高校,高校教师在国家科学技术奖励中占比高。研究生导师是高校人才队伍建设的核心,硕士研究生导师数量增长明显且年龄结构呈现一定变化趋势,博士生导师总数变化趋势有所不同,这与两者的选拔标准和职责要求相关。我国研究生教育体系中硕士层次教育更普及,且国家不断出台政策提升研究生教育水平,但我国在全球人才竞争力指数中的排名仍有待提高,尤其是在人才吸引力和留存方面表现欠佳;在地方高校人才状况方面,地方人才对区域发展至关重要。以地方高等院校正副高级专任教师数量为依据分析,不同省份在正副高级教师数量上存在差异,部分省份在总量和增长方面具有优势。我国大部分省份高等院校正副高级教师数量逐年增加,但增长速度和态势因省份而异,受教育政策调整、经济发展水平、人口结构变化、教育资源配置和社会对教育重视程度等多种因素影响。

第四,通过对天津的具体情况进行研究发现,在高等教育财政支出方面,天津在教育事业发展上投入显著,其一般公共预算教育支出呈波动上升趋势,与GDP增长不完全同步。2014—2021年各类教育经费变化趋势差异大,高等教育财政支出在2012—2021年总体上升但有波动,波动背后受多种因素影响,如疫情、财政支出控制措施和教育领域财政事权和支出责任划分改革等;在人才吸引力现状方面,天津积极出台多项人才政策吸引人才,自"海河英才"计划实施以来引进众多人才。从高校招聘情况看,市属高校招聘总量逐年下降且对人才学历层次要求提高;从高校毕业生留津就业创业情况看,市属高校整体就业率较高,毕业生就业行业和地域有一定集中性;从影响人才吸引力因素来看,调查发现部分人员未关注高等教育财政支出,且多数人认为其与教育发展不匹配,在财政专项支出重点领域、支出存在的问题以及与教育发展匹配和人才吸引力效果等方面都存在一定问题;从人才流动吸引因素来看,地方人才吸引力受多种因素影响,如收入水平、子女教育、个人发展机会等,在政府支持需求方面,子女升学与就业、租房与购房补贴占比最高。影响人才换新东家的因素包括单位发展空间、工作条件和经费、工资待遇等,天津市人才对生活满意度较高且人才队伍相对稳定,但高校人才政策宣传推广还有空间,通过矩阵分析发现地区教育资源等因素对人才吸引力均非常重要,且专家访谈也表明教育资源与人才吸引力紧密相关,高等教育财政支出与地方人才吸引力存在紧密联系并对经济增长有正向拉动影响。

综上所述,本章节全面深入地分析了高等教育财政支出与人才吸引力的现状,通过全国整体情况以及天津的典型案例研究,揭示了两者之间的紧密联系以及影响人才吸引力的多方面因素,为进一步推动高等教育发展和提升人才吸引力提供了全面的参考依据。

第五章 高等教育财政支出
对提升人才吸引力的实证分析

财政是国家治理的基础和重要支柱,全面贯彻落实新时代人才强国战略,就要积极发挥财政职能,以财辅政、财为才用。加大和完善高等教育财政支出,提高经费的使用效率,就是提升人才的有效措施。2017年9月,中共中央办公厅、国务院办公厅在《关于深化教育体制机制改革的意见》中明确指出"要健全教育投入机制";2018年8月,国务院办公厅有专门出台《关于进一步调整优化结构提高教育经费使用效益的意见》;2019年6月,教育部发布《关于全面实施教育经费预算绩效管理的意见》,进一步强调提升教育经费使用效益问题。显而易见,建立与社会经济发展相适应的多元高效教育投入制度已经成为教育现代化的重要发展方向,而如何合理配置和管理教育经费则成为我国打造教育现代化制度的一项重要内容。

第一节　基于DEA模型省级财政支出效率评价

高等教育财政支出绩效评价作为合理配置高等教育资源、提升教育财政支出效率、实现高等教育目标重要途径,也是有效衡量教书育人使命的重要载体。尽管已有研究探讨了高等教育财政支出的重要作用,但是对于其如何提升人才吸引力尚缺乏实证支撑。因此，为深入理解地方高等教育财政支出投入效率问题，此部分采用 DEA-BCC 模型和 Malmquist 指数，对全国 31 个省区市高等教育财政投入效率进行测评，以期为各地方政府优化高等教育教育财政的投入，促进地方人才吸引力的提升提供借鉴。

一、模型及指标选择

（一）DEA 模型

数据包络分析（Data Envelopment Analysis），简称 DEA，它是一种最常用的非参数前沿效率分析法。1978 年，著名运筹学家、美国德克萨斯大学 3 位教授 Charnes、Cooper 和 Rhodes 在《欧洲运筹学杂志》上发表的一篇重要论文 *Measuring the efficiency of decision making units*[①]（《决策单元的有效性度量》）中首次提出了基于相对效率的数据包络分析方法 DEA，即 CCR 模型。该方法的基本思想就是将每一个被评价单位视为一个决策单元（Decision Making Unit，简称 DMU），通过对投入产出比率的综合分析，确定有效生产前沿面，根据各 DMU 与有效生产前沿面的距离，判断各 DMU 的 DEA 是否有效。事实上，DEA 是一种以相对效率为基础，以凸分析和线性规划为工具的评价方法，它运用数学规划模型计算比较决策单元之间的相对效率，它并不直接对数据进行综合，而且正是因为决策单元的最优效率与投入产出指标的量纲选取无关，因而更能理想地反映出评价对象自身特点，而且也适用于多投入多产出的有效性综合评价问题。在 DEA 的基本模型中，涉及 CCR 模型与 BCC 模型。

CCR 模型基于规模收益不变（Constant Returns to Scale，简称 CRS）的假设，建立了综合技术效率。假设有 n 个决策单位 DMU，每个决策单位 DMU_j（j = 1，2，…n）有 m 种投入 x_i（i = 1，2，…m），其投入权重为 v_i（i = 1，2，…m）；q 种产出 y_r（r = 1，2，…q），其产出权重为 u_r（r = 1，2，…q）；所有 DMU_j 效率值 θ_j 介于 [0，1] 区间内，越接近 1，表示效率越高，当然这只是一种相对效率，是特定单个决策单

① Charnes A，Cooper W W，Rhodes E. Measuring the efficiency of decision making units[J]. European Journal of Operational Research，1978，2（6）：429－444.

位的效率值相对于该样本组群体的比较值,而当 $\theta_j = 1$ 时表示 DMU 的效率在该样本组中最高。

$$min\theta$$

$$s.t. \sum_{j=1}^{n} x_{ij}\lambda_j \leq \theta x_{ik}$$

$$\sum_{j=1}^{n} y_{rk}\lambda_j \geq y_{rk}$$

$$\lambda_j \geq 0, j = 1,2,\cdots,n$$

$$i = 1,2,\cdots,m; r = 1,2,\cdots,q; = 1,2,\cdots,n$$

模型的最优解为 θ^*,$1 - \theta^*$ 表示在当前技术水平下,被评价决策单位在不降低产出的前提下,其投入能够缩减的最大限度。θ^* 越小,意味着投入可缩减的幅度越大,效率越低。

BCC 效率评估模型是基于规模收益可变(VRS)情况下提出的假设,通过 BCC 模型,不仅可以判断决策单元(DMU)的规模报酬情况,还可以判断其综合效率的高低[①]。换言之,投入是可以持续增加的,研究基于这种情况下投入和产出。因此,在构建 BCC 模型时,需要假设规模报酬可变,对 CCR 模型的约束条件进行简单的改进,增加凸性假设条件:$\sum\lambda_j = 1, j = 1,2,\cdots,n$,即可得数学模型如下:

目标函数:$min\theta$

约束条件:$s.t. \sum_{j=1}^{n}\lambda_j y_j + S^+ \leq \theta x_0$

$$s.t. \sum_{j=1}^{n}\lambda_j y_j - S^+ \leq \theta y_0$$

$$\sum\lambda_j = 1, j = 1,2,\cdots,n$$

针对规模效率所带来的情况,投入增加的同时,产出是否可以跟得上,最为理想的情况是 θ 为 1 的时候,产出跟得上投入。

(二)Malmquist 指数

Malmquist 生产率指数(Malmquist Productive Index,简称 MPI)的概念最早源

---

① RAJIV D BANKER, ABRAHAM CHARNES, WILLIAM WAGER COOPER. Some models for estimating technical and scale inefficiencies in data envelopment analysis[J]. Management science, 1984 30(9):1078 – 1092

于 Sten Malmquist(1953)[①]的消费指数。1982 年,Caves 等[②]将 Malmquist 的思想用于生产分析,通过距离函数(distance function)之比构造了生产率指数,极大丰富了生产率增长的测算方法,但是由于 Caves 等并未提供测度距离函数的有效方法,因而其更多地是作为一种理论指数存在。

1992 年,Färe 等[③]采用 CRS 径向 DEA 模型将 Malmquist 指数(MI)划分为两个 Malmquist 指数的几何平均值。假设规模报酬不变条件下,令 (Y_t, X_t) 在 t 期的距离函数为 $d_0^t(Y_t, X_t)$,在 t+1 期的距离函数为 $d_0^{t+1}(Y_t, X_t)$;(Y_{t+1}, X_{t+1}) 在 t 期的距离函数为,在 t+1 期的距离函数为。这样,从 t 时期到 t+1 时期,以 t 期技术为参照的 Malmquist 数量指数定义:

$$M_0^t(Y_t, X_t, Y_{t+1}, X_{t+1}) = \frac{d_0^{t+1}(Y_{t+1}, X_{t+1})}{d_0^t(Y_t, X_t)}$$

类似地,以 t+1 时期技术为参照的 t 时期到 t+1 时期的 Malmquist 数量指数为:

$$M_0^{t+1}(Y_t, X_t, Y_{t+1}, X_{t+1}) = \frac{d_0^{t+1}(Y_{t+1}, X_{t+1})}{d_0^{t+1}(Y_t, X_t)}$$

这样一个以 t 时刻的生产技术为参照,另一个以 t+1 时刻为参照,Malmquist 生产率增长函数就分解为技术效率变化(EC)和技术变化(TC),数学表达式为:

$$M_0(Y_t, X_t, Y_{t+1}, X_{t+1}) = (M_0^t * M_0^{t+1})^{\frac{1}{2}} = \left| \frac{d_0^t(Y_{t+1}, X_{t+1})}{d_0^t(Y_t, X_t)} \times \frac{d_0^{t+1}(Y_{t+1}, X_{t+1})}{d_0^{t+1}(Y_t, X_t)} \right|^{\frac{1}{2}}$$

$$= \frac{d_0^{t+1}(Y_{t+1}, X_{t+1})}{d_0^t(Y_t, X_t)} \left| \frac{d_0^t(Y_{t+1}, X_{t+1})}{d_0^{t+1}(Y_t, X_t)} \times \frac{d_0^t(Y_t, X_t)}{d_0^{t+1}(Y_t, X_t)} \right|^{\frac{1}{2}}$$

综上所述,本部分采用 Banker 等(1984)提出的规模报酬可变,产出导向型的 DEA-BCC 模型以及 Malmquist 指数来评估高等教育财政支出投入效率。究其

① Malmquist S. Index Numbers and Indifference Surfaces[J]. *Trabajos de Estatistica*,1953(4):209 - 242.

② Caves D. W., Christensen L. R., & Diewert W. E. The Economic Theory of Index Numbers and the Measurement of Input, Output, and Productivity[J]. *Econometrica*,1982,50:1393 - 1414.

③ Färe R., Grosskopf S., Lindgren B., & Roos P. Productivity changes in Swedish pharamacies 1980—1989:A non-parametric Malmquist approach[J]. *Journal of Productivity Analysis*,1992(3):85 - 101.

原因,相较于对高等教育产出成果和质量的控制,该模型对高等教育财政支出的控制更加灵活;其次,该模型对评估对象规模没有硬性限制,符合研究实际。

(三)指标构建

根据投入产出变量选择的基本原则,本研究主要从"人、财、物"角度出发,选取高等教育财政支出、专任教师总数、高等学校数量、学校图书数量、学校占地面积、学校固定资产总值为投入变量;选取本科年度毕业生人数、研究生年度毕业生人数为产出变量。其中投入变量高等院校数量、专任教师数量、学校图书数量、学校占地面积、学校固定资产总值均源于 2013—2022 年《中国教育统计年鉴》获得。高等教育财政支出则通过 2013—2022 年《中国教育经费统计年鉴》获得,产出变量也是由 2013—2022 年《中国教育统计年鉴》获得。具体内容如表 30 所列。

表 30 高等教育财政投入产出效率评价指标

指标	分指标	指标内涵
投入	高等教育财政支出	当年地方投入高等教育财政支出总额
	专任教师数	当年地方高等院校正高级、副高级、中级、初级专任教师总数
	高等学校数	当年地方高等院校总数
	学校图书数	当年地方高等院校所拥有图书总量
	学校占地面积	当年地方高等院校共计占地面积
	固定资产总值	当年地方高等院校固定资产总值
产出	本科生毕业人数	当年地方高等院校本科毕业生总数
	研究生毕业人数	当年地方高等院校研究生毕业生总数

具体描述统计结果见表 31。

表 31　各变量的统计描述特征情况表

变量	N	最小值	最大值	均值	标准偏差
高等教育财政支出	310	1064143	141298487	33983097	26543603
专任教师数	310	0.21	12.47	4.93	2.93
高等学校数	310	6	167	84	41
学校图书数	310	304	20268	8260	4972
学校占地面积	310	3207952	143375522	57875323	33220412
固定资产值	310	155369	22352925	6770609	4717039
本科生毕业生数	310	5847	412383	148228	90804
研究生毕业生数	310	228	110995	19274	18007

注：教育经费总支出为千元、专任教师总数单位为万人、高等学校数单位为所、高等学校占地面积为平方米、学校图书数量为万册、固定资产总值为万元，毕业生人数为人。

二、静态效率分析

根据 DEA 投入导向模型，利用 MaxDEAP Pro 软件分别对 2012 年、2017 年、2021 年全国 31 个省区市的综合效率进行测量，综合效率分为纯技术效率和规模效率两项。纯技术效率代表在规模报酬一定是可获得的效率，规模效率则表示经济规模的大小变化引起的效率变化。具体结果如表 32—34 所列。

表 32　全国 31 个省区市 2012 年综合效率分析

地区	TE	PTE	SE	RETURN
安徽	0.878	0.966	0.909	drs
北京	1	1	1	—
福建	0.799	0.804	0.995	drs
甘肃	1	1	1	—
广东	0.897	0.996	0.9	drs
广西	0.944	0.971	0.973	drs
贵州	0.971	0.978	0.993	irs

续表

地区	TE	PTE	SE	RETURN
海南	0.877	0.888	0.987	irs
河北	0.917	1	0.917	drs
河南	1	1	1	—
黑龙江	0.98	1	0.98	drs
湖北	0.879	1	0.879	drs
湖南	0.841	0.946	0.889	drs
吉林	1	1	1	—
江苏	0.988	1	0.988	drs
江西	0.74	0.776	0.953	drs
辽宁	1	1	1	—
内蒙古	0.81	0.811	0.999	drs
宁夏	0.814	0.82	0.993	irs
青海	1	1	1	—
山东	0.975	1	0.975	drs
山西	1	1	1	—
陕西	0.867	0.933	0.929	drs
上海	1	1	1	—
四川	0.888	0.997	0.89	drs
天津	0.952	0.967	0.985	drs
西藏	0.981	1	0.981	irs
新疆	0.709	0.711	0.997	irs
云南	0.888	0.889	0.999	irs
浙江	0.958	1	0.958	drs
重庆	0.812	0.817	0.994	irs
均值	0.915	0.944	0.97	

注:TE:综合效率,PTE:纯技术效率,SE:规模效率,TE = PTE × SE;RETURN:规模收益;irs、—、drs:规模收益递增、不变、递减。(下同)

表33　全国31个省区市2017年综合效率分析

地区	TE	PTE	SE	RETURN
安徽	0.918	0.978	0.939	drs
北京	1	1	1	—
福建	0.855	0.863	0.991	drs
甘肃	0.957	0.958	0.999	irs
广东	0.891	0.985	0.905	drs
广西	0.93	0.931	1	—
贵州	0.841	0.841	1	—
海南	0.808	0.808	1	—
河北	1	1	1	—
河南	1	1	1	—
黑龙江	0.935	0.944	0.99	drs
湖北	0.911	1	0.911	drs
湖南	0.886	0.936	0.947	drs
吉林	1	1	1	—
江苏	0.855	1	0.855	drs
江西	0.841	0.847	0.992	irs
辽宁	1	1	1	—
内蒙古	0.819	0.82	0.999	irs
宁夏	0.802	0.809	0.992	irs
青海	0.886	1	0.886	irs
山东	1	1	1	—
山西	1	1	1	—
陕西	0.967	1	0.967	drs
上海	1	1	1	—
四川	0.808	0.868	0.931	drs
天津	0.887	0.889	0.998	irs

地区	TE	PTE	SE	RETURN
西藏	0.999	1	0.999	irs
新疆	0.757	0.765	0.988	irs
云南	0.934	0.943	0.991	irs
浙江	0.831	0.869	0.956	drs
重庆	0.791	0.791	1	—
均值	0.907	0.93	0.975	

表34 全国31个省区市2021年综合效率分析

地区	TE	PTE	SE	RETURN
安徽	0.869	0.924	0.94	drs
北京	1	1	1	—
福建	0.799	0.822	0.971	drs
甘肃	0.902	0.922	0.978	irs
广东	0.94	1	0.94	drs
广西	0.886	0.895	0.989	drs
贵州	0.801	0.807	0.992	irs
海南	0.769	0.853	0.901	irs
河北	0.936	0.965	0.97	drs
河南	1	1	1	—
黑龙江	0.926	0.95	0.975	drs
湖北	0.933	1	0.933	drs
湖南	0.9	0.956	0.941	drs
吉林	1	1	1	—
江苏	0.929	1	0.929	drs
江西	0.78	0.797	0.979	drs
辽宁	1	1	1	—

续表

地区	TE	PTE	SE	RETURN
内蒙古	0.792	0.811	0.976	irs
宁夏	0.715	0.979	0.73	irs
青海	0.758	1	0.758	irs
山东	0.957	0.974	0.983	drs
山西	1	1	1	—
陕西	0.992	0.999	0.994	drs
上海	0.955	0.969	0.986	irs
四川	0.91	0.99	0.92	drs
天津	0.961	0.971	0.99	irs
西藏	0.669	1	0.669	irs
新疆	0.75	0.771	0.972	irs
云南	0.997	0.997	1	—
浙江	0.786	0.84	0.936	drs
重庆	0.898	0.898	1	—
均值	0.887	0.938	0.947	

从综合效率来看,2012 年、2017 年、2021 年三年,全国高等教育财政支出的平均综合效率 TE 分别为 0.915、0.907、0.887,这意味着在保持现有技术和投入水平下,我国高等教育财政支出综合效率呈下降趋势,而导致这样的结果主要在于纯技术的下降和投入规模的无效。究其原因,尽管政府每年都在增加教育投入,但由于政策导向、地域差异等原因,导致教育资源在分配上存在不均衡,使得一些高校或地区的教育资源过剩,而另一些则相对匮乏。并且在实际教育过程中,存在教育资源浪费的情况,如破旧设备的重复购置、不必要的建筑修建等,从而降低了教育资源的利用效率。此外,投入规模无效的原因可能在于教育财政拨款方式不合理,即目前我国采用的"综合定额加专项补助"的财政拨款方式存在一定缺陷,如过分依赖公式拨款而忽视高校的实际需求,导致拨款无法准确反映高等教育成本的变化规律。此外,教育财政投入结构不合理。政府对教育的

投资过于集中在某些领域或地区,忽视了其他领域或地区的发展需求,导致教育财政投入的整体效益降低。就具体省份来看,2012 年全国有 8 个省区市处于综合效率值 TE 均为 1,即 DEA 有效,分别为北京、甘肃、河南、吉林、辽宁、青海、山西以及上海,这表明其整体运作处于最佳状况;综合效率小于 1 的省区市主要有安徽、福建、广东、广西、贵州、海南、河北、黑龙江、湖北、湖南、江苏、江西、内蒙古、宁夏、山东、陕西、四川、天津、西藏、新疆、云南、浙江、重庆 23 个省区市,其中以新疆为最低,仅为 0.709,应该说相应省份还有提升改进的余地,需要通过加大投入进行整体提高。2017 年全国 8 个省市综合效率为 1,DEA 有效,分别为北京、河北、河南、吉林、辽宁、山东、山西、上海,与 2012 年相比,河北、山东进入了;综合效率小于 1 的主要有安徽、福建、甘肃、广东、广西、贵州、海南、黑龙江、湖北、湖南、江苏、江西、内蒙古、宁夏、青海、陕西、四川、天津、西藏、新疆、云南、浙江、重庆 23 个省区市,其中其以新疆地区为最低,仅为 0.757。2021 年全国有 5 个省市 DEA 有效,分别为北京、河南、吉林、辽宁、山西。而综合效率小于 1 的省区市主要有安徽、福建、甘肃、广东、广西、贵州、海南、河北、黑龙江、湖北、湖南、江苏、江西、内蒙古、宁夏、青海、山东、陕西、上海、四川、天津、西藏、新疆、云南、浙江、重庆 26 个省区市,其中其以西藏为最低,仅为 0.669。综上,在这三年中,综合效率一直为 1 的为北京、河南、吉林、辽宁、山西 5 个省市,而一直处于较低位的为新疆与西藏等地区。

从纯技术效率来看,2012 年新疆、江西、福建、内蒙古、重庆、宁夏、湖南、陕西、海南、安徽、四川、云南、广东、广西、天津、贵州 16 个省区市在资源投入上尚未实现最大产出,表明这些区域存在资源利用不足的现象,而其余 15 个省份则达到了纯技术效率的最优状态,即资源利用已充分,无浪费情况发生。2017 年新疆、重庆、宁夏、海南、四川、内蒙古、浙江、贵州、江西、福建、湖南、天津、广东、安徽、广西、云南、黑龙江、甘肃 18 个省区市仍面临投入未达最大产出的挑战,意味着这些地区的资源利用效率仍有提升空间。相比之下,其余 13 个省份维持了高效的资源利用,纯技术效率保持在 1 的水平。然而,到 2021 年,显现出显著分化。仅有西藏、青海、江苏、湖北、广东、北京、河南、吉林、辽宁、山西 10 个省区市实现了投入与产出的最大化,其余22个省份纯技术效率低于1,即这些地区在资源利用上存在的浪费和不饱和状态。综上不难发现,新疆、江西、福建、内蒙古、重庆、宁夏、湖南、海南、安徽、四川、云南、广西、天津、贵州14个省区市始终未能摆脱投入未达最大产出的困境。西藏、青海、江苏、湖北、北京、河南、吉林、辽宁、山西9个省区市则始终保持了高效的资源利用水平。

从规模效率来看,当规模效率为1,则表示该地区的规模达到了最适宜状态;反之,则表示该地区处于规模无效状态。我国31个省区市中,2012年,以北京、甘肃、河南、吉林、辽宁、青海、山西、上海8个省区市的规模效率达到了1,表明这些地区已经达到了适度规模。纯技术效率为1,而规模效率小于1的地区有河北、黑龙江、湖北、江苏、山东、西藏、浙江7个地区,这说明其产出和投入无法呈正比例增加;在2017年,我国31个省区市中,重庆、海南、贵州、广西、北京、河北、河南、吉林、辽宁、山东、山西、上海12个地区的规模效率达到了1,表明这些地区已经达到了适度规模,而纯技术效率为1,规模效率小于1的地区有江苏、青海、湖北、陕西和西藏;在2021年,我国31个省区市中,重庆、云南、北京、河南、吉林、辽宁、山西7个地区的规模效率达到了1,而纯技术效率为1,规模效率小于1的地区有西藏、青海、江苏、湖北、广东5个地区。就以江苏省为例,其纯技术效率为在这三年中均为1,而规模效率只有分别为0.988、0.855、0.929,由于综合效率(TE) = 纯技术效率(PTE) × 规模效率(SE),即,综合效率相对无效是由规模无效引起的。

从规模收益来看,在2012年,显示为规模报酬递增的地区有贵州、海南、宁夏、西藏、新疆、云南、重庆7个地区,递减的有安徽、福建、广东、广西、河北、黑龙江、湖北、湖南、江苏、江西、内蒙古、山东、陕西、四川、天津、浙江16个省区市,其余的8个地区显示为不变;在2017年,海南、安徽、广西、云南、河北、河南、吉林、辽宁8个地区显示规模报酬递增,重庆、内蒙古、浙江、贵州、江西、福建、天津、湖北、黑龙江、甘肃、西藏、山西12个省区市显示规模报酬不变,其余11个地区显示规模报酬递减;在2021年,重庆、云南、北京、河南、吉林、辽宁、山西7个省市显示规模报酬不变,江西、浙江、福建、安徽、广西、湖南、四川、黑龙江、江苏、湖北、河北、广东、山东、陕西14个地区显示规模报酬递减,其余10个地区显示规模报酬递增,这说明单纯从规模角度而言,扩大地区发展规模,并不是有效提升和改善地区人才吸引力的有效路径。面对我国社会主要矛盾转化的大背景,各地应该把支持地方人才发展摆到增强当前和未来区域发展动力的高度上,以解难题、克瓶颈、提水平为切入点,真正为地方发展谋出路、亮实招。

综上所述,在 2012 年至 2021 年,中国 31 个省区市的高等教育财政支出的平均综合效率呈现下降趋势,从 0.915 降至 0.887。表明在技术和投入水平变化不大的情况下,教育资金的使用效率有所降低。造成效率下降原因包括纯技术效率的减少和投入规模的无效性。通过详细分析 2012 年、2017 年、2021 年的具体情况来看,在这三年中,始终保持高效运作的省区市数量减少,而效率较低的新疆和西藏等地区的提升空间仍然较大;纯技术效率分析显示,部分省区市的教育资源利用尚未达到最优状态,存在潜在的资源浪费问题。规模效率分析则指出,一些省区市的规模未能达到最适宜状态,导致产出和投入不成比例增加。此外,规模报酬的变化表明,简单扩大教育规模不一定能够有效提升人才吸引力和教育质量。因此,对于优化教育资源配置、提高教育效率和调整教育规模策略尤为重要。政策制定者和教育管理者应当重视效率分析的结果,采取相应措施来提高教育投资的回报率,确保教育资源能够更有效地促进人才培养和社会经济发展。同时,应关注地区间教育发展的不平衡问题,通过差异化的政策支持,促进教育资源的合理流动和共享,以实现教育公平和整体提升教育质量的目标。

三、Malmquist 指数分析

表 35 展示的是利用 MaxDEAP Pro 软件对 2012—2021 年我国 31 个省区市高等教育财政投入全要素生产率的变化进行测算。

表 35　31 省(市)高等教育财政投入产出效率年度 Malmquist 指数分解

年份	effch	techch	pech	sech	tfpch
2012—2013	0.976	1.039	0.995	0.981	1.015
2013—2014	1.018	1.006	1.011	1.007	1.024

年份	effch	techch	pech	sech	tfpch
2014—2015	1.006	0.989	1.006	1	0.995
2015—2016	1.002	0.992	0.991	1.011	0.994
2016—2017	0.99	0.987	0.983	1.007	0.976
2017—2018	1.001	0.956	0.998	1.003	0.957
2018—2019	0.989	0.986	0.996	0.994	0.975
2019—2020	1	1.053	0.993	1.008	1.053
2020—2021	0.985	0.818	1.023	0.963	0.806
均值	0.996	0.978	0.999	0.997	0.975

注：effch：技术效率变化指数；techch：技术进步指数；pech：纯技术效率变化指数；sech：规模效率变化指数；tfpch：全要素生产率指数。

结果显示，在这 10 年的时间跨度中，全国高等教育财政投入的平均全要素生产率（TFP）为 0.975，小于 1，生产率处于下降状态，表明高等教育财政投入绩效在 2012—2021 年整体呈现下降趋势。其中，2012—2014 年，2019—2020 年的全要素生产率指数大于 1，即在这三年中，高等教育财政投入绩效整体呈现上升的趋势，而 2020—2021 年的全要素生产率指数最低，仅为 0.806。究其原因如下：（1）不同省份之间的教育资源分配存在不平衡，一些地区未能有效利用财政资金来提高教育质量和效率；（2）财政资金的投入没有转化为相应的教育产出提升，例如学生的学习成果、教师的研究能力和学校的整体竞争力；（3）技术效率变化指数、技术进步指数、纯技术效率变化指数、规模效率变化指数，分别为 0.985、0.818、1.023、0.963，其中仅有纯技术效率变化指数大于 1，而其他三项均小于 1，当技术进步指数大于 1 时，其全要素生产率指数也大于 1。在 2012—2021 年的 10 年中，技术效率变化指数大于 1 出现过 4 次，技术进步指数大于 1 出现过 3 次、且于全要素生产率指数相同，纯技术效率变化指数大于 1 共出现过 3 次，但与全要素生产率指数大于 1 的年份不同，规模效率变化指数大于 1 的情况共出现过 5 次，为最多。由此可知，技术进步指数是我国高等教育财政投入全要素生产率水平变化的主要原因，但同时由于纯技术效率得到提升,规模效率指数和综合技术效率指数处于 DEA 有效状态,使得因为技术进步效率退步而导致的全要素生产率指数下降的态势得到遏制,并有所上升。从长期来看,我国高等教育财政投入全要素生产率指数一开始处于高效的位置,2014—2019 年处于低迷状态,到 2019—2020 年后得到了有效的改善,而由于疫情的外界环境的影响,在 2020—2021 年,表现最低。

综上所述,我国高等教育财政投入全要素生产率在 2012—2021 年整体呈现下降趋势,特别是在 2020—2021 年降至最低值。以 2021 年为例,我国高等教育财政投入的全要素生产率(TFP)仅为 0.806,达到了这十年间的最低点,反映出我国高等教育在特定年份面临的复杂挑战与困境。从教育资源分配的角度来看,2021 年我国不同省份之间的高等教育资源分配存在显著的不平衡。一些经济发达、教育资源丰富的省份能够投入更多的资金用于提升教育质量和效率,而一些经济相对落后、教育资源匮乏的省份则面临较大的资金压力,难以有效提升教育产出。其次,财政资金投入与教育产出的脱节问题在 2021 年依然突出。尽管政府对高等教育的财政投入持续增长,但这些资金并未能充分转化为教育产出的提升。同时,2019 年底爆发的全球性疫情对 2021 年的高等教育财政投入产生了深远影响。疫情对全球经济造成了巨大冲击,导致我国政府财政收入减少,进而影响了对教育的投资。同时,疫情还导致教育资源的短缺和教育活动的受限,如校园封闭管理、线上教学等,这些都对高等教育的质量和效率产生了负面影响。此外,技术进步效率指数在 2021 年的表现也不尽如人意。尽管技术进步在某些时期对提升高等教育全要素生产率起到了积极作用,但在 2021 年,由于技术进步效率的退步,导致整体生产率进一步下降。

进一步分析造成这样结果的现实原因可以得出:首先,不同省份之间的教育资源分配存在不平衡,一些地区未能有效利用财政资金来提高教育质量和效率,导致整体生产率下降;其次,财政资金投入与教育产出脱节,财政资金的投入未能充分转化为教育产出的提升,同时,2019 年底爆发的全球性疫情对经济增长产生了负面影响,影响了政府对教育的投资,进而阻碍了教育资源的充足性和教育活动的正常进行;再次,技术进步效率指数和规模效率指数的变化表明,尽管技术进步在某些时期促进了生产率的提升,但技术进步效率的退步和规模效率的变化也对全要素生产率产生了影响;最后,由于多种内外界因素的共同作用,导致了我国高等教育财政投入全要素生产率在 2012—2021 年的下降趋势。因此,政策制定者和教育管理者需要多种现实挑战,采取相应措施来优化教育资源分配,提高教育投入的效率和效益,以及适应外部环境变化,以确保教育系统的持续健康发展。

第二节　省级财政支出与人才吸引力关系研究

一、理论模型构建

基于相关文献的总结和理论分析,为验证高等教育财政支出对人才吸引力影响,以各省区市高校教师数衡量地区性人才吸引力水平, 以 31 个省区市高等教育财政支出衡量地区高等教育财政支出水平,从而设计以下计量回归模型:

$$Y_{it} = \alpha + \beta_1 PER_{it} + \sum x_n Controls + \delta_{it}$$

在公式中,Y 表示人才吸引力,即被解释变量。PER 表示高等教育财政支出水平,即解释变量。i 表示的是省份,t 表示的是年份,α、β、χ 均表示为待估参数,Controls 为控制变量集,n 为控制变量个数,δ 为误差调整项。

二、数据来源与指标选取

(一)数据来源

二十届三中全会提出,教育、科技、人才是中国式现代化的基础性、战略性支撑。必须深入实施科教兴国战略、人才强国战略、创新驱动发展战略,统筹推进教育、科技、人才体制机制一体改革,健全新型举国体制,提升国家创新体系整体效能。地方政府作为落实科技强国、教育强国的关键层,强化财政支出与人才吸引力之间的关联性,因此,在当前高质量发展背景下,地方高等教育财政支出与人才吸引力之间的关系是学术界关注的焦点。为深入探讨,以全国 31 个省区市为调查对象(不含港、澳、台地区)。具体数据来源于《中国教育经费统计年鉴》(2013—2022)、《高等学校科技统计资料汇编》、《中国统计年鉴》(2012—2022)、《中国人力资本报告》等。

（二）指标选取

为确保研究的合理性、严谨性,除上述变量之外,选取了其他对区域人才吸引力存在影响的因素。主要涉及地区人口数量(PD),以各地区年末常住人口(万人)作为衡量标准;地区经济发展水平(CP),以全体居民人均可支配收入(元)进行衡量;第三产业增加值(亿元)(VA);人均地区生产总值(元/人)(PC);教育业城镇单位就业人员(万人)(EP),具体内容如表36所列:

表36 变量含义及来源

	变量	符号	变量含义	数据来源
被解释变量	人才吸引力	Y	地区职称教师总和	中国教育统计年鉴
解释变量	高等教育财政支出	PER	地方高等教育财政支出水平	中国教育经费统计年鉴
控制变量	人口密度水平	TP	年末人口总数	中国统计年鉴
	地区经济发展水平	CP	全体居民人均可支配收入	中国统计年鉴
	第三产业增加值	VA	第三产业的生产单位和部门在生产过程中创造的新增价值和固定资产的转移价值	中国统计年鉴
	人均地区生产总值	PC	地区生产总值/年平均常住人口	中国统计年鉴
	教育业城镇单位就业人员	EP	在教育机构中工作,取得工资或其他形式劳动报酬的人员	中国统计年鉴

三、数据分析

(一)基本描述统计

为改善数据正态分布、缩小数据的范围对数据进行对数化处理,其基本统计结果如表37所列:

表37　数据描述统计结果

变量	N	最小值	最大值	均值	标准偏差
Y	310	0.2100	12.4700	4.9300	2.9299
PER	310	13.8777	18.7664	16.9895	0.9575
TP	310	5.7526	9.4481	8.1330	0.8417
CP	310	9.0558	11.2648	10.0475	0.4072
VA	310	6.0132	11.1445	9.0804	1.0094
PC	310	9.8494	12.1417	10.8596	0.4356
EP	310	4.4000	170.2000	57.5487	33.4480

通过表37可以发现,高等教育财政支出的最小值为13.88、最大值为18.77均值为16.99、标准偏差为0.96,这说明各地方高等教育财政支出具有一定的差距;在人才吸引力方面,最小值为0.21、最大值为12.47、均值为4.93、标准偏差为2.93,数据说明了不同地方的人才吸引力存在明显的差距。此外,人口密度水平的分布较集中,标准偏差较小(0.84),表明不同地区的人口密度水平差异不是很大。地区经济发展水平也较为集中,标准偏差为0.41,意味着大部分地区的经济发展水平较为一致。第三产业增加值的最大值与最小值差值为5.13,且标准偏差为1.01,说明各地第三产业增加值存在一定差异。人均地区生产总值的标准偏差为0.44,最大值与最小值的差值为2.29,表明人均地区生产总值的地区差异不大。地方教育业城镇单位就业人员的标准偏差较大(33.45),表明各地教育业城镇单位就业人员数目差异较大。最大值(170.2)远高于均值(57.55),说明有的地区教育业城镇单位就业人数非常多,即某些特定地区的教育行业特别

发达。

根据数据分析的结果,再进一步结合地方发展的实际来看:

第一,就高等教育财政支出的差异性而言,由于不同地区经济发展水平和财政实力不同,这直接影响了地方政府投入高等教育的资金量;而政策导向和优先领域的不同也会导致资源分配不均衡。如广东省作为粤港澳地区中最大的经济体,近年来大幅增加了对高等教育的投入。数据显示,广东省高等教育经费支出的增长率达到约20%,高于江苏省的16%和浙江省的19.5%。2021年,广东省的高等教育经费支出总额达到了1360亿元,全国排名第二。尽管总体投入增加,但人均教育经费和校内专项经费增长并不明显。

第二,地方性人才吸引力差异性方面,经济机会、职业发展前景、生活成本、文化氛围等都是吸引人才的关键因素。一些经济发达、产业集聚、生活品质高的城市自然更具吸引力。同时,政府的人才引进政策、税收优惠、住房补贴等也会对人才吸引力产生重要影响,如合肥市针对重点产业人才推出了大幅度提高补贴标准的住房政策,允许人才在市区范围内购买首套自住住房,并提供丰厚的购房补贴,旨在降低人才的生活成本,提高其生活质量和归属感,进而吸引更多优秀人才来合肥创业和就业。

第三,地方人口密度和经济发展水平集中性的原因与区域规划、城市化进程、产业布局有关。一些地区由于地理条件优越、交通便利、产业基础好,成为人口聚集和经济活动的热点。而一些偏远或生态脆弱的地区则因为缺乏发展机遇而人口稀少,如成渝地区作为中国西部产业基础最为雄厚的区域,通过签订"1+10"的合作协议,建立了成渝"氢走廊""电走廊"等一系列重大工程,形成了强大的发展合力,从而不仅提升了本地的经济实力,还增强了区域内的整体竞争力。

第四,第三产业增加值和人均地区生产总值的差异性原因在于第三产业增加值和人均地区生产总值的差异性反映了地区经济结构和生产力水平的差异。一些地区拥有发达的服务业、金融业或高科技产业,从而推动第三产业增加值的增长。而一些地区仍以农业为主,或者工业基础薄弱,导致第三产业增加值较低,同时还受到教育水平、技术进步等因素的影响。

第五,造成地方教育业城镇单位就业人员数量的差异性与当地教育资源的配置、教育需求的大小、教育政策的支持力度等因素有关。一些地区有更多的学校、研究机构,需要更多的教育工作者,因此教育业城镇单位就业人员数量较多。而一些地区教育资源不足,教育需求有限,导致教育业城镇单位就业人员数量较少。近年来,我国进入了一个人口负增长时期,吉林省已经出现了总人口减少、老龄化加剧、出生人口持续减少的现象,无疑对当地的教育需求产生重大影响,进而影响教育行业的就业人数。

(二)相关性分析

为初步探索,高等教育财政支出与地方性人才吸引力大小的关系,首先对相关数据进行相关性分析,结果如表38所列:

表38　相关性分析

变量	Y	PER	TP	CP	VA	PC	EP
Y	1						
PER	0.831**	1					
TP	0.842**	0.791**	1				
CP	0.343**	0.633**	0.147**	1			
VA	0.853**	0.955**	0.841**	0.641**	1		
PC	0.373**	0.614**	0.126*	0.956**	0.632**	1	
EP	0.900**	0.711**	0.900**	0.172**	0.795**	0.175**	1

注: **表示在0.01级别,相关性显著。*表示在0.05级别,相关性显著。

通过表38相关性分析的结果来看,地方高等教育财政支出与人才吸引力的相关系数为0.831,在1%水平上显著正相关,表明高等教育财政支出的增加能够显著提升地方人才的吸引力,因为高等教育资源的丰富程度直接影响人才的培养质量和留存率。即初步说明了,提高地方高等教育财政支出能够显著增强地方人才的吸引力度;同时,其他控制变量,如人口密度水平、地区经济发展水平、第三产业增加值、人均地区生产总值与教育业城镇单位就业人员数量均与地方人才吸引力存在正向的相关关系,其系数分别为 0.842、0.343、0.853、0.373、0.900,其中教育业城镇单位就业人员数量与地方性人才吸引力的相关性最强。究其原因如下:首先,高等教育财政支出的增加通常意味着当地政府对教育的重视程度提高,从而会吸引更多的学生选择就读于该地区的高等教育机构。其次,高等教育财政支出的增加往往伴随着教育设施的改善和师资力量的加强,这也有助于提高教育质量,进而吸引更多的优秀人才。此外,高等教育财政支出的增加带动了相关产业链的发展,如学术研究、高新技术产业等,这些产业的发展也会进一步吸引人才,形成良性循环。同时,高等教育财政支出的增加也可能提高当地的知名度和吸引力,使得该地区成为人才聚集高地。

进一步结合实际分析发现:高等教育财政支出通常用于支持大学的日常运营和科研活动,包括实验室建设、科研项目资助、学者薪酬和奖学金等。从而有助于提升学术研究的质量和数量,促进学科发展和学术创新。同时,高等教育财政支出还可以通过多种途径促进高新技术产业的发展。首先,高等教育机构通过科研活动产生的知识产权可以转化为生产力,推动相关产业的技术进步和产品创新。其次,高等教育机构培养的高技能人才是高新技术产业发展的重要支撑,财政支出有助于提高教育质量,培养更多符合产业需求的人才。此外,高等教育机构与企业的合作也是促进高新技术产业发展的重要途径,财政支出可以作为合作项目的资金来源,促进产学研一体化。

事实上,地方政府的高等教育财政支出,通常伴随着教育资源的扩充,有助于提高当地居民的教育水平和技能,进而提升整体的人力资本质量。高素质的劳动力是推动经济增长和创新的关键因素,因此,高等教育的扩张可以为区域经济发展提供强有力的人才支撑。并且,高等教育机构不仅有利于培养人才,还是科研活动的重要基地。财政支出的增加可以支持更多的科研项目,促进科技创新,加速知识的传播和应用,从而推动经济的转型升级和新兴产业的发展。此外,通过调整高等教育财政支出的分布,可以优化教育资源的布局,促进区域教育均衡发展,减少地区发展差距,助力实现区域经济的均衡发展。

（三）基础回归分析

表39所列的是利用Stata17.0统计分析软件进行基准回归后的结果,反映的是高等教育财政支出与人才吸引力之间的关系。模型1是在没有添加控制变量、个体和时间等虚拟变量的情况下,高等教育财政支出对人才吸引力的影响。模型2是在加入控制变量,但未添加个体和时间等固定效益模型下,高等教育财政支出对人才吸引力的影响。模型3则是在加入控制变量后,加入个体与时间双向固定效应后高等教育财政支出对人才吸引力的回归结果。根据以上各模型的回归结果可以看出,无论是否加入控制变量、单独加入任何虚拟变量或者考虑所有虚拟变量,其基准回归分析结果显著性水平并无较大差异,且均表现出提高地方高等教育财政支出的水平能够有效促进其对人才吸引力的大小。

表39　回归分析

变量	模型1	模型2	模型4
	（1）	（2）	（3）
PER	2.544***	1.941***	2.069***
	(0.097)	(0.196)	(0.202)
_cons	−38.287***	−27.904***	−35.157***
	(1.649)	(7.274)	(7.620)
Controls	NO	YES	YES
Year	NO	NO	NO
Ind	NO	NO	YES
N	310	310	310
R^2	0.6901	0.9018	0.9064

注:***、**、*分别表示在1%、5%和10%水平上显著;括号中表示的为标准误,下同。

通过表39所列的结果,不难看出,地方高等教育财政支出与人才吸引力之间存在显著的正向关系。究其现实原因也不难看出,地方教育财政的支出,关系着教育资源的投入与教育的质量。即通过更多的财政投入用来改善教学设施、招聘优秀教师、提供奖学金等,从而提高教育质量,吸引更多优秀学生和教师。基于知名高校的吸引力,往往能吸引更多的优秀人才。同时,高等教育机构所在地通常拥有较多的就业机会,特别是在高新技术产业发达的地区,其对于学生和教师都具有较大吸引力。

(四)稳健性检验

在面对实际的问题中,由于相互影响的情形较多,单向的因果关系很容易被混淆,引起内生问题。即高等教育财政支出对地方人才吸引力产生重要影响,而经济水平较高的地区则存在较强的人才吸引力推动地区投入更多的高等教育财政支出。为解决这个问题,同时也为检验基准回归结果的稳健性,通过替换被解释变量,以进一步证实高等教育财政支出与地方人才吸引力的关系。即以全国31个省、自治区、直辖市高等院校正高中专任教师、副高级专任教师、中级专任教师以及初级专任教师各自的数量来替换现有的被解释变量,其结果如表40所列:

表40 稳健性检验结果

变量	替换被解释变量			
	Y	Y	Y	Y
正高级	3.442 *** (0.188)			
副高级		2.557 *** (0.052)		
中级			2.308 *** (0.049)	
初级				2.224 *** (0.222)
_cons	−21.923 *** (5.770)	−7.263 *** (2.778)	17.954 *** (2.944)	−9.277 (7.246)

续表

变量	替换被解释变量			
	Y	Y	Y	Y
Controls	YES	YES	YES	YES
Year	YES	YES	YES	YES
Ind	YES	YES	YES	YES
N	310	310	310	310
R^2	0.9408	0.9861	0.9055	0.9850

通过表40所列的结果来看,基于稳健性检验后,已然能够说明地方高等教育财政支出与人才吸引力之间存在显著的正向促进关系。

(五)进一步分析

上文中,已经证实地方高等教育财政支出与人才吸引力之间存在显著的正向促进关系,但为了进一步了解高等教育财政支出对于不同地理位置,不同经济发展水平的地域的作用效果究竟如何,为此,以自然地理划分为基本依据,将31个省、自治区、直辖市划分为六大地区,即华北、东北、华东、中南、西南、西北[①]。其次,再按照我国经济区域的划分原则,将31个省、自治区、直辖市划分为四大地区,即东北地区、东部地区、中部地区、西部地区等[②]。具体分析结果如表41—42所列:

---

① 姚娜. 中国数字贸易发展水平测度及创新发展策略研究[J]. 技术经济与管理研究,2022(11):56-61.

② 贾康,韩娇. 创新创业对经济高质量发展的影响及其空间溢出效应:数字化转型的中介作用[J]. 经济体制改革,2023(06):33-42.

表 41　异质性分析(地理位置划分)

变量	六大地区					
	华北	东北	华东	中南	西南	西北
PER	2.458***	-0.214	4.547***	1.314	0.808	3.839***
	(0.357)	(0.313)	(0.579)	(0.808)	(0.525)	(0.375)
_cons	-37.311**	-14.055***	-37.958**	48.293	-21.397	52.051**
	(14.659)	(4.850)	(18.287)	(62.227)	(16.258)	(25.314)
Controls	YES	YES	YES	YES	YES	YES
Year	YES	YES	YES	YES	YES	YES
Ind	YES	YES	YES	YES	YES	YES
N	50	30	70	60	50	50
R^2	0.9772	0.9939	0.9637	0.9450	0.9732	0.9479

表 42　异质性分析(经济发展划分)

变量	四大地区			
	东北地区	东部地区	中部地区	西部地区
PER	-0.214	0.455	3.720***	1.940***
	(0.313)	(0.555)	(0.690)	(0.224)
_cons	-14.055**	55.815**	-70.374**	-14.720*
	(4.850)	(20.467)	(21.822)	(8.317)
1.314Controls	YES	YES	YES	YES
Year	YES	YES	YES	YES
Ind	YES	YES	YES	YES
N	30	100	60	120
R^2	0.9939	0.9279	0.9388	0.9347

(1)地理位置划分分析

将全国 31 个省区市依据地理位置被划分为六大区域:华北、东北、华东、中南、西南及西北。具体来说，华北区域涵盖北京市、天津市、河北省、山西省以及内蒙古自治区，共计 5 个省级行政区；东北区域则包括辽宁省、吉林省和黑龙江省，合计 3 个省级行政区；华东区域由上海市、江苏省、浙江省、安徽省、福建省、江西省和山东省组成，共有 7 个省级行政区；中南区域则囊括了河南省、湖北省、湖南省、广东省、广西壮族自治区以及海南省，总计 6 个省级行政区；西南区域包含重庆市、四川省、贵州省、云南省以及西藏自治区，共有 5 个省级行政区；最后，西北区域则覆盖了陕西省、甘肃省、青海省、宁夏回族自治区以及新疆维吾尔自治区，5 个省级行政区。通过对上述地区进行回归分析后，结果如表 17 所列。从表 17 可以看出：第一，从六大地区的回归系数来看，除东北地区以外，其他五个地区都显示提高高等教育财政能够提升各地区的人才吸引力；第二，从其回归结果的显著性水平来看，仅有华北、华东、西北三个地区显示提高高等教育水平能够显著提升地区的人才吸引力水平，而东北地区虽然显示出负相关，但其显著性水平较低；第三，从六大地区的回归系数大小来看，高等教育财政支出对地方人才吸引力作用效果最强的为华东地区（4.547）、其次为西北地区（3.839）、华北地区（2.458），最后为中南（1.314）、西南（0.808）以及东北地区（-0.214）。

进一步分析其现实原因，可以发现：不同地区的人才吸引力受到多种因素的影响，包括高等教育投入、经济发展水平、产业结构、就业机会等。

首先，东北地区高等教育财政投入与人才吸引力关系不显著其原因在于：首先，东北地区的经济发展相对滞后，财政收入增速经常处于全国的尾部，限制了地方财政对高校发展的资金支持力度。其次，东北地区的高校虽然在科研成果转化方面表现不俗，但在吸引和留住高端人才方面仍面临挑战。此外，东北地区的人才流失现象不容忽视，高端研发平台相对较少，市场用人需求和人才培养供给存在结构性矛盾。

其次，华东和西北地区的高等教育财政对人才吸引力的影响最大原因在于：这两个地区在高等教育资源、经济发展、政策支持等方面具有显著优势。首先，华东地区作为中国的经济发达区域，拥有众多顶尖高校和研究机构，如上海的复旦大学、浙江的浙江大学等。这些高校不仅在学术研究上处于领先地位，而且在人才培养方面也有着较高的声誉。此外,华东地区的经济实力雄厚,能够为高校提供充足的资金支持,进一步提升其教育质量和科研水平,从而吸引更多优秀人才。其次,西北地区虽然经济相对欠发达,但近年来政府加大了对高等教育的投入,力图缩小与东部地区的差距。例如,陕西省近些年累计投入大量资金用于高等教育,有效推动了高校学科建设的新突破[①]。此外,西北地区还通过实施各种人才引进计划,如"天山英才"培养计划、"天池英才"引进计划等,吸引高层次人才加入,为地区经济社会发展提供智力支持[②]。

最后,从华北地区在提高高等教育财政支出以增强人才吸引力的具体措施来看。北京市西城区发布了《西城区吸引高层次人才专项计划实施办法(试行)》,每年将拨出 10 亿元人民币专项资金以奖励国内外高层次人才,这是首次在全球范围内寻才,旨在为地区的经济和社会高质量发展提供强有力的人才支持。另外,"十四五"期间,河南省将安排 55 亿元创建资金,全力打造"双一流"后备军,力争 2—3 所高校、若干学科进入国家第三轮"双一流"建设行列,以此来不断满足全省人民对优质高等教育资源的需求。此外,山东省淄博市财政局聚焦"强富美优"城市愿景,以"三提三争"行动为抓手,充分释放财政资金红利,聚力打造科教人才强市。

(2)经济发展位置划分分析

将全国 31 个省、直辖市,依据经济发展状况,可划分为以下四大区域:东北地区,包括辽宁、吉林、黑龙江三省;东部地区,涵盖北京、天津、河北、山东、江苏、上海、浙江、福建、广东、海南十个省级行政区;中部地区,则由山西、河南、安徽、湖北、江西、湖南六省组成;西部地区,则包括重庆、四川、陕西、云南、贵州、广西、甘肃、青海、宁夏、西藏、新疆以及内蒙古十二个省级行政区,结果如表 41 所列。第一,从四大经济地区的回归系数来看,除东北地区外,东部地区、中部地区、西

① 阙明坤,费坚,王慧英.改革开放四十年民办高等教育发展回顾、经验与前瞻[J].高校教育管理,2019,13(01):11–18+35.
② 薛洪伟,三金柱,李凤明,等.2023 年新疆地质勘查进展及 2024 年重点工作[J].新疆地质,2024,42(01):1–6.

部地区的回归系数均为正值,可见,依照我国经济发展地理位置的划分,除东北地区外,其他三大经济地区均显示提高高等教育财政支出能够提升地方人才吸引力。第二,从四大经济地区回归系数的显著性水平来看,东北、东部地区的回归系数并不显著。而中部与西部地区的回归系数显著,则说明对于中部和西部地区来说,提高高等教育财政支出能够显著提升地方人才吸引力。第三,基于四大经济地区的回归系数大小来看,高等教育财政支出对于中部地区人才吸引力的作用效益最强(3.720),其次为西部地区(1.940),再次为东部地区(0.455),最后为东北地区(-0.214)。

深入其现实原因可以发现:对于中部和西部地区来说,高等教育财政支出的增加能够显著提升地方的人才吸引力,这与地区相对较低的教育资源和人才储备有关。通过增加财政投入,可以改善教育设施,提高教育质量,吸引更多的人才。而东北地区的负向效应可能与该地区经济结构调整、产业升级等问题有关,单纯增加高等教育财政支出可能不足以解决深层次的经济和社会问题。

首先,东北地区在高等教育财政投入对人才吸引力方面表现出负效应,主要原因在于:东北地区作为中国的老工业基地,面临着产业结构老化和经济增长乏力的问题,导致了人才流失,尤其是高端人才的流失。同时,由于东北地区经济发展缓慢,就业机会较少,尤其是高端人才的就业机会更加紧缺。并且伴随着东北地区高等教育水平相对落后,人才培养体系不完善,导致了东北地区在吸引和留住高端人才方面的竞争力不足。此外,相较于东部沿海地区,东北地区在人才引进和政策扶持方面相对薄弱,使得人才流失问题更加突出。

其次,中部地区和西部地区高等教育财政投入对人才吸引力差异性主要体现在:中部地区的高等教育财政投入相对不足,与部属高校相比,省属高校经费主要依赖地方财政,导致办学经费差距明显。而东部沿海地区经济发达,地方财政拨款较多,省属高校在经费、硬件和师资引入方面保障程度较高。西部地区部分省份如陕西、四川等,以西安、成都等城市作为区域中心城市,集聚优势和人才吸引力强,其余省份的地方"双一流"高校也得到了省部门建设高校的重点支持。具体而言,在人才培养和科研能力方面,由于财政投入的不足,中部地区的高校在人才培养、科学研究、高水平师资引进等方面存在困难,影响了其人才吸引力。而东部沿海地区和西部部分省份的高校由于经费充足,能够提供更好的教学和科研条件,吸引更多的优秀人才;在政策支持和发展策略方面,为了改善这一状况,中央政府已经采取了一系列措施,如加大对中部地区"双一流"高校的支持力度,提高中央财政对中部地区省属"双一流"高校的支持比例,并通过"教育强国工程"向其提供相应经费支持。此外,教育部也提出了支持设立"西部振兴人才岗"等政策,旨在促进西部高等教育的发展;

最后,东部地区高等教育财政投入对人才吸引力的效果不显著的原因在于:首先,尽管东部地区在财政支持和平台建设上优于其他地区,但高等教育资源的不均衡分配仍然是一个问题。例如,一些经济发达省份的高等院校无论是在财政支持还是平台建设上都要远胜于欠发达地区。这种不平衡导致人才向已经拥有更多资源的东部地区集中,而不是分散到各个地区,从而减弱了财政投入对人才吸引力的效果;高等教育资源过度集中于大城市,导致人才高度集聚,从而产生激烈的就业竞争,使得即使有财政投入,也难以吸引和留住人才。此外,一些有产业基础的二线城市虽然近年来承接了来自中心城市的人才外溢,但总体上依然存在岗位缺口,就业环境较宽松,即财政投入在这些地区的吸引力不如预期;财政投入的效率也是一个重要因素。一些研究指出,投资效率高的省份并非必然是高等教育强省或经济强省,人力资本投资规模不当引发的效率问题较为突出,投资效率落后的地区发展不均衡性更为明显。意味着即使有财政投入,如果投入的方向和方式不适当,也可能不会产生预期的效果。

第三节 小 结

基于上文所述,通过对 2012—2021 年省级面板数据进行分析,揭示了地方高等教育财政支出与人才吸引力之间的显著正相关关系。研究结果表明,高等教育财政支出的增加能够显著提升地方人才的吸引力。其中,华东地区、西北地区和华北地区显示出高等教育财政支出对人才吸引力的显著正面影响,而东北地区的影响则不显著。此外,教育业城镇单位就业人员数量与地方人才吸引力的相关性最强,表明了教育行业的人才需求对地方人才吸引力的重要性。事实上,在实际过程中高等教育财政支出的差异性源于各地区经济发展水平、财政能力、教育政策优先级等多种因素。如,经济发达地区可能拥有更多的财政资源来投资高等教育,从而吸引更多的人才。而经济欠发达地区可能由于财政紧张,难以提供足够的教育投入,导致人才吸引力不足。此外,教育政策的差异也可能影响人才的流动。

第一,高等教育财政支出对人才吸引力具有积极影响,主要表现在,高等教育财政支出可以用于改善教学设施、招聘和培训高质量的教师、提供先进的教学材料和技术,从而提高教育质量,吸引更多优秀学生。并通过增加财政投入,可以扩大高等教育的覆盖范围,提供更多的教育机会给不同背景的学生,特别是那些来自低收入家庭的学生。同时,高等教育财政支出还可以支持项目研究和学术交流,促进知识创新和技术进步,从而进一步吸引顶尖学者和学生,转化为生产力,增强地方竞争力。

第二,人才吸引力对高等教育财政支出的反馈。高质量的教育机构能够吸引更多优秀学生和教师,提高教育声誉,反过来又能吸引更多的财政投入,形成良性循环。而高等教育培养的人才能够推动经济发展和社会进步,增加税收,为政府提供更多的财政收入,同时,这些收入可以再次投入到教育中,形成正向反馈。并且,高等教育培养的人才是国家竞争力的重要支柱,通过财政投入提升人才培养质量,以增强国家的软实力和硬实力。

第三,东北地区高等教育财政支出对人才吸引力影响不显著。首先,东北地区的经济发展相对滞后,导致该地区的高等教育机构在吸引和保留人才方面面临困难。如,东北地区的高校预算相对较低,使得高校的人才引进和教育质量提升带来了困境。此外,东北地区的高校底蕴虽强,但由于历史原因,很多是教育部直属的 985、211 大学,办学资金大多来自教育部拨款,毕业生在全国范围内都可以就业,不仅限于一地。因此,名校生更容易去发达地区找工作;其次,东北地区的自然环境和人文环境可能不如其他地区,从而影响人才的留存;最后,东北地区的产业化结构单一、路径依赖严重、人才不匹配、用人单位的人才福利缺乏吸引力、人才个人因素等也是影响地方人才吸引力的关键。

第六章　高等教育财政支出
对提升人才吸引力的内在逻辑与演化机制

本章在深入分析我国高质量发展背景下政府高等教育财政投入特点和规律的基础上,运用演化博弈理论来研究政府财政投入、地方高校人才吸引力以及人才流动策略,同时以高校、高质量人才等构建内部子系统,以政府、人口发展、社会经济为外部环境,构建系统动力学模型并进行政策仿真实验,探索在吸引人才的政策实践过程中财政支出的演化和作用机制,为优化人才发展生态,激活高质量发展动能,现代化建设提出有效对策建议奠定理论基础。

第一节　演化博弈主体与模型构建

一、博弈主体

地方政府是国家政权行政区域,其鼓励不同地区以及不同类型的人才通过实施差别化的政策措施来吸引人才,实现总量扩大、质量提高和结构优化。地方政府在促进人才流入中扮演着组织者和管理者的角色,政府在促进人才流入中的策略选择对推进人力资本的健康和可持续发展具有深远的影响,而人才流入的可持续发展也会给当地政府带来相应的政治、经济和社会等影响。政府的政策发布部门众多,主体分别有人力资源和社会保障部、发改委、民政部、科技部、农业农村部、自然资源部、文化和旅游部等部门,共同负责制定相关政策,其主要合作的归宿就是完善政策建议,提升政府公共服务的能力和水平。社会发展呈现动态演化,因此政策的制定不是一成不变的,会随着现实的需求进行完善[①]。

高校作为推动人才流入的核心政策执行者,承担着将政府宏观政策具体化并落实的责任。它不仅是知识与技术的传播中心,也是吸引和培养高端人才的关键平台。高校直接面对政府制定的各类人才引进政策,负责将这些政策转化为具体的招生计划、科研合作,以及人才培养方案。这种转化过程使得高校成为政策的具体执行者和落地者。此外,高校通过提供科研经费、先进设备、学术交流机会等资源,吸引国内外优秀人才加入。同时,优质的教育和科研环境也为人才的成长提供了土壤,使得高校在人才流动中扮演着重要角色。高校与地方企业的合作,如产学研结合、联合培养项目等,能够有效增强政策的执行效果,为人才提供更广泛的发展平台。这种合作关系使得高校不仅仅是政策的执行者,更是与其他用人单位一道,共同促进区域经济和社会发展的合作者[②]。

人才是整个博弈过程中的核心参与者,他们的选择直接决定了政策的成效。高端人才的流动不仅受经济的影响,还受到社会、文化、历史等多方面的制约。人才在选择流入某个地区或机构时,通常会综合考虑多方面因素,包括薪资水平、科研条件、生活环境、文化氛围、以及社会认同感等。高端人才具有较高的综合素质和专业竞争力,他们在选择流入某地时,往往看重的是该地是否能够提供继续提升自我、实现职业发展的机会。因此,地方的学术氛围、创新环境,以及可获得的发展空间是吸引人才的重要因素。面对不同的政策和环境,人才会通过灵活的策略选择来实现个人收益的最大化。例如,他们可能会利用政府和高校提供的激励政策,争取到更好的科研条件和生活待遇。同时,他们也可能选择暂

时观望,等待更优越的机会①。

二、主体利益分析

在高等教育财政支出对提升人才吸引力的过程中,政府、高校和个人三方形成了一个复杂的博弈关系。每一方都有不同的目标和策略,围绕这些目标和策略的互动构成了整体博弈的核心。

1.政府社会效益与经济效益的平衡

地方政府在高等教育财政支出中扮演的是决策者和政策制定者。政府的主要目标在于促进整体高等教育水平的提升,确保教育资源的合理分配,以提高地区竞争力,推动社会效益和经济效益的最大化。通过加大对高等教育的财政投入,政府希望吸引更多优秀的人才,从而推动国家的科技创新和经济增长②。同时,政府也需要平衡财政支出,以确保社会公平和可持续发展。因此,地方政府在制定高等教育财政政策时,不仅要考虑如何最大化人才吸引力,还要兼顾地区整体效益和公共福利的实现。

2.地方高校提升竞争力与资源优化配置

高校作为政府政策的执行者和地方教育资源的管理者,在提升人才吸引力的过程中扮演着至关重要的角色。高校的主要目标是提升自身的学术声誉和竞争力,以吸引更多优质生源和高水平科研人才。通过获得政府财政支持,高校可以改善教学设施、增加科研经费、提供更优质的学术环境和生活条件,从而提升其对人才的吸引力。同时,高校也需考虑如何将财政资源进行优化配置,以实现效益最大化。这不仅包括对外吸引人才,也包括对内培养和留住已有的人才,以增强整体竞争力。

3.个人追求自我价值实现与经济效益

个人作为高等教育体系的最终受益者,在面对高校和政府提供的教育资源

---

① 黄辰鑫,唐建倦,王聪帅,等.我国竞技体育后备人才培养多元主体协同治理的演化博弈与仿真分析[J].山东体育学院学报,2023,39(06):47-57+75.

② 刘苹,张一,王亚男.政府参与情境下高校产教融合稳定性研究——基于前景理论的演化博弈模型分析[J].中国高校科技,2023(04):73-80.

时,主要目标是最大化自身的学术发展和未来经济收益。高等教育财政支出带来的优质教育资源和良好的科研环境,能够提升个人的学术水平和职业竞争力,使其在未来的就业市场中占据有利位置。同时,个人在选择教育机构时,会考虑高校的学术声誉、科研资源、就业前景以及生活条件等多方面因素,因此财政支出的有效性直接影响个人的选择和最终的教育成果。

三、博弈关系动态分析

在高等教育财政支出对提升人才吸引力的博弈过程中,地方政府、高校与人才三者的互动关系可以总结为一种动态的、相互作用的过程。政府通过财政支出影响高校资源配置,高校通过改善教育环境吸引人才,而个人则根据教育环境的优劣作出选择。随着时间推移,这三者之间的策略选择和目标实现将不断调整和优化,形成一个复杂的演化博弈过程。最终,只有在三方利益和目标达到平衡的情况下,才能最大化高等教育财政支出的效益,实现人才吸引力的持续提升[①]。

四、博弈模型构建

(一)模型假设

基于上述对三方主体之间的利益诉求和相互关系的论述,对演化博弈模型构建做出假设:

(1)博弈参与主体:中央政府 G、地方政府 H 和返乡创业人才 T,博弈方均为"有限理性的经济人",且三方博弈主体均具有一定的学习和选择能力,在客观条件下三方均诉求各自自身利益最大化。

(2)每方参与主体均可以采取两种决策策略。地方政府的策略集为 $S_G = \{$积极制定政策(G_p),消极制定政策(G_N)$\}$;高校的策略集为 $S_H = \{$积极落实政策(H_p),消极落实政策(H_N)$\}$;个人的策略集为 $S_T = \{$流入政策地区(T_P),不不流入政策地区(T_N)$\}$。

---

① 刘峰."双一流"建设背景下高校高层次人才的非正常流动监管——基于前景理论的演化博弈分析[J].科技管理研究,2020,40(20):99-104.

（3）三方主体选择的概率为 0—1。地方政府在 t 时刻选择"积极制定政策"的概率为 p_G，选择"消极制定政策"的概率为 $(1—p_G)$；高校在 t 时刻选择"积极落实政策"的概率为 p_H，选择"消极落实政策"的概率为 $(1—p_H)$；个人在 t 时刻选择"流入"的概率为 p_T，选择"不流入"的概率为 $(1—p_T)$。并满足：$0 \leqslant p_G \leqslant 1,0 \leqslant p_H \leqslant 1,0 \leqslant p_T \leqslant 1$。

（二）模型参数设置

基于现实情况提出以下假设，博弈模型的相关参数及其含义设置如下：

（1）地方政府积极制定财政政策的成本为 C_G^P，获得的政绩收益为 $R_{G1}(R_{G1} > C_G^P)$；如果地方政府选择减少或维持现有的财政支出，成本为 $C_G^N(C_G^N < C_G^P)$，但可能导致人才吸引力下降，造成的损失为 $R_{G2}(R_{G1} > R_{G2})$。在高校选择"消极落实政策"时，政府的收益会减少 A_H。在人才不流入的情况下，政府的收益会减少 A_T。高校消极落实政策会使当地发展滞后损失 L_N，使个人在城市发展得不到应有的价值从而降低幸福感损失 L_S。

（2）高校积极落实财政政策的成本为 C_H^P，获得的收益为 $R_H(C_H^P < R_H)$；消极落实政策的成本为 $C_H^N(C_H^N < C_H^P)$，承受人口流失造成的综合损失 L_H。此时政府若采取积极制定政策策略，将对其进行惩罚 G。

（3）人才选择加入高校的成本为 C_T，获得的收益为 $R_T(R_T > C_T)$，若高校无法提供足够支持，人才的职业发展和生活质量可能受损，带来损失 L_T。

（4）当地方政府积极增加财政支出，高校有效利用这些资金，且人才选择加入高校时，地方政府将获得提升区域经济和社会发展的公共收益 Q。如果三方都积极响应，中央政府可能会提供额外的奖励或政策倾斜 P，以进一步促进这种良性循环。若任何一方消极应对，将导致整体系统的效率下降，三方均可能遭受不同程度的损失，此时政府成本 C。

（5）政府府积极制定财政政策、高校积极落实政策、人才选择进入高校，地方政府对人才进行奖励 U、政府对人才设置人才补贴 R。

（6）当高校和人才均积极响应政府，此时政府可获得助推地方现代经济体系构建带来的公共收益 K。

（三）利益主体策略空间和收益函数分析

博弈三方分别为地方政府、高校和人才，其行动选择分别是 S_{Gi}, S_{Hi}, S_{Ti}：

$$S_{Gi} = \begin{cases} 1, 积极制定 \\ 0, 消极制定 \end{cases}, \quad S_{Hi} = \begin{cases} 1, 积极落实 \\ 0, 消极落实 \end{cases}, \quad S_{Ti} = \begin{cases} 1, 入流 \\ 0, 不入流 \end{cases}$$

根据以上假设可推出，在不同情况下三方博弈主体的收益函数：

当 $S_{Gi}=1$, $S_{Hi}=1$, $S_{Ti}=1$ 时，地方政府、高校和人才的收益函数分别为 $R_{G1} - C_G^P - R + K$, $R_H - C_H^P + Q + P$, $R_T - C_T + U + R$；

当 $S_{Gi}=1$, $S_{Hi}=1$, $S_{Ti}=0$ 时，地方政府、高校和人才的收益函数分别为 $R_{G1} - C_G^P - A_T$, $-C_H^P$, 0；

当 $S_{Gi}=1$, $S_{Hi}=0$, $S_{Ti}=1$ 时，地方政府、高校和人才的收益函数分别为 $R_{G1} - C_G^P + G - C - A_H$, $R_H - C_H^N - G - L_H - N + C$, $R_T - C_T - L_T$；

当 $S_{Gi}=1$, $S_{Hi}=0$, $S_{Ti}=0$ 时，地方政府、高校和人才的收益函数分别为 $R_{G1} - C_G^P + G - C - A_H - A_T$, $-C_H^N - G - L_H - N + C$, 0；

当 $S_{Gi}=0$, $S_{Hi}=1$, $S_{Ti}=1$ 时，地方政府、高校和人才的收益函数分别为 $R_{G2} - C_G^N$, $R_H - C_H^P - L_N$, $R_T - C_T - L_S$；

当 $S_{Gi}=0$, $S_{Hi}=1$, $S_{Ti}=0$ 时，地方政府、高校和人才的收益函数分别为 $R_{G2} - C_G^N - A_T$, $-C_H^P - L_N$, 0；

当 $S_{Gi}=0$, $S_{Hi}=0$, $S_{Ti}=1$ 时，地方政府、高校和人才的收益函数分别为 $R_{G2} - C_G^N - A_H$, $R_H - C_H^P - L_H - L_N$, $R_T - C_T - L_S - L_T$；

当 $S_{Gi}=0$, $S_{Hi}=0$, $S_{Ti}=0$ 时，地方政府、高校和人才的收益函数分别为 $R_{G2} - C_G^N - A_H - A_T$, $-C_H^P - L_H - L_N$, 0。

（四）利益主体收益矩阵

根据以上初探，可以构建出地方政府、高校和人才的博弈策略矩阵，如表43所列：

表43　博弈收益矩阵

地方政府	高校	人才	
		流入	不流入
积极制定	积极落实	$R_{G1} - C_G^P - R + K$	$R_{G1} - C_G^P - A_T$
		$R_H - C_H^P + Q + R$	$- C_H^P$
		$R_T - C_T + U + R$	0
	消极落实	$R_{G1} - C_G^P + G - C - A_H$	$R_{G1} - C_G^P + G - C - A_H - A_T$
		$R_H - C_H^N - G - L_H - N + C$	$- C_H^N - G - L_H - N + C$
		$R_T - C_T - L_T$	0
消极制定	积极落实	$R_{G2} - C_G^N$	$R_{G2} - C_G^N - A_T$
		$R_H - C_H^P - L_N$	$- C_H^P - L_N$
		$R_T - C_T - L_S$	0
	消极落实	$R_{G2} - C_G^N - A_H$	$R_{G2} - C_G^N - A_H - A_T$
		$R_H - C_H^P - L_H - L_N$	$- C_H^P - L_H - L_N$
		$R_T - C_T - L_S - L_T$	0

五、演化博弈策略分析

地方政府选择积极制定政策和消极制定政策的策略时,期望收益分别为 U_G^P 和 U_G^N:

$$U_G^P = p_H p_T (K - R) + (G - A_H - C) - (1 - p_T)A_T + R_{G1} - C_G^P$$

$$U_G^N = R_{G2} - C_G^N - (1 - p_H)A_H - (1 - p_T)A_T$$

由 U_G^P 和 U_G^N 可以得出地方政府的期望均值收益 $\overline{U}_G$:

$$\overline{U}_G = p_G p_H p_T (K - R) - (1 - p_H)A_H - (1 - p_T)A_T + p_G[(1 - p_H)(G - C) + C_G^N - R_{G2} - C_G^p + R_{G1}] + R_{G2} - C_G^N$$

同理,高校和人才的期望均值收益分别为:

$$\overline{U}_H = p_G p_H p_T (Q + P) + p_G(1 - p_H)(- G - N + C) + p_G L_N - p_H(C_H^P - C_H^N - L_H) + p_T R_H - C_H^N - L_H - L_N$$

$$\overline{U}_T = p_T[p_G p_H(U + R) - (1 - p_G)L_S - (1 - p_H)L_T + R_T - C_T]$$

由此，可以得到地方政府、高校和返乡创业人才的复制动态方程组：

$$H(G) = \frac{dp_G}{dt} = p_G(U_G^P - \overline{U}_G) = (1 - p_G)p_G[p_H p_T(K - R) + (1 - p_H)(G - C) + C_G^N - R_{G2} - C_G^P + R_{G1}]$$

$$H(H) = \frac{dp_H}{dt} = p_H(U_H^P - \overline{U}_H) = (1 - p_H)p_H[p_H p_T(Q + P) - p_G(-G - N + C) - C_H^P + C_H^N + L_H]$$

$$H(T) = \frac{dp_T}{dt} = p_T(U_T^P - \overline{U}_T) = (1 - p_T)p_T[p_G p_H(U + R) - (1 - p_G)L_S - (1 - p_H)L_T + R_T - C_T]$$

六、博弈三方演化策略稳定性分析

在地方政府、高校和人才的复制动态系统中，可根据 Lyapunov 第一法则判断三方博弈主体策略的稳定性。得出 Jacobian 矩阵：

$$J = \begin{pmatrix} \partial \frac{dp_G}{dt}/\partial p_G & \partial \frac{dp_G}{dt}/\partial p_H & \partial \frac{dp_G}{dt}/\partial p_T \\ \partial \frac{dp_H}{dt}/\partial p_G & \partial \frac{dp_H}{dt}/\partial p_H & \partial \frac{dp_H}{dt}/\partial p_T \\ \partial \frac{dp_T}{dt}/\partial p_G & \partial \frac{dp_T}{dt}/\partial p_H & \partial \frac{dp_T}{dt}/\partial p_T \end{pmatrix}$$

$$= \begin{pmatrix} (1 - 2p_G)[(1 - p_H)(G - C) + p_H p_T](K - R) + C_G^N - R_{G2} - C_G^P + R_{G1} & p_G(1 - p_G)[p_T(K - R) - G + C] & p_G(1 - p_G)p_H(K - R) \\ p_H(1 - p_H)[p_T(Q + P) + G + N - C] & (G - N + C) - C_H^P + C_H^N + L_N & p_H(1 - p_H)p_G(Q + P) \\ p_T(1 - p_T)[p_H(U + R) + L_S] & p_T(1 - p_T)[p_G(U + R) + L_T] & (1 - 2p_T)[p_G p_H(U + R) - (1 - p_G)L_S - (1 - p_H)L_T + R_T - C_T] \end{pmatrix}$$

本文三方演化博弈模型有 8 种纯策略均衡点,并对其稳定性进行分析。而后将 8 个均衡点分别代入 $Jacobian$ 矩阵 J,进而得到各均衡点对应的特征值,如表 44 所列。博弈三方主体要求同时满足特征值 λ_1、λ_2、λ_3 为负,则可得出该点为稳定点,判断出 E_5 为不稳定点。通过七种情形进行稳定点讨论:

情形 1:当 $C_G^P - C_G^N < min\{K - R + R_{G1} - R_{G2}, G - C\}$,$C_H^P - C_H^N < Q + P + G + N - C + L_N$,且 $R_T - C_T > L_T + L_S$ 时,系统有唯一演化稳定点 $E_8(1,1,1)$,对应的策略为(地方政府积极制定政策,高校积极落实政策,人才流入高校)。

情形 2:当 $C_G^P - C_G^N < min\{K - R + R_{G1} - R_{G2}, G - C\}$,$C_H^P - C_H^N > Q + P + G + N - C + L_N$,且 $R_T - C_T > max\{L_T, L_S\}$ 时,系统有唯一演化稳定点 $E_6(1,0,1)$,对应的策略为(地方政府积极制定政策,高校消极落实政策,人才流入高校)。

情形 3:当 $C_G^P - C_G^N > max\{K - R + R_{G1} - R_{G2}, G - C\}$,$C_H^P - C_H^N < L_H$,且 $R_T - C_T > L_S$,系统有唯一演化稳定点 $E_7(0,1,1)$,对应的策略为(地方政府消极制定政策,高校积极落实政策,人才流入高校)。

情形 4:当 $C_G^P - C_G^N < min\{K - R + R_{G1} - R_{G2}, G - C\}$,$C_H^P - C_H^N > Q + P + G + N - C + L_N$,且 $xC_H^P - C_H^N < L_H L_T$ 时,系统有唯一演化稳定点 $E_2(1,0,0)$,对应的策略为(地方政府消极制定政策,高校积极落实政策,人才流入高校)。

情形 5:当 $C_G^P - C_G^N > max\{K - R + R_{G1} - R_{G2}, G - C\}$,$C_H^P - C_H^N < L_H$,且 $R_T - C_T > L_S$,系统有唯一演化稳定点 $E_4(0,0,1)$,对应的策略为(地方政府消极制定政策,高校消极落实政策,人才流入高校)。

情形 6:当 $C_G^P - C_G^N > max\{0, G - C\}$,$C_H^P - C_H^N < L_H$,且 $C_H^P - C_H^N < L_S$,系统有唯一演化稳定点 $E_3(0,1,0)$,对应的策略为(地方政府消极制定政策,高校积极落实政策,人才不流入高校)。

情形 7:当 $C_G^P - C_G^N > max\{K - R + R_{G1} - R_{G2}, G - C\}$,$C_H^P - C_H^N > L_H$,且 $R_T - C_T < L_T + L_S$,系统有唯一演化稳定点 $E_1(0,0,0)$,对应的策略为(地方政府消极制定政策,高校消极落实政策,人才不流入高校)。

表 44　各均衡点 Jacobian 矩阵的均衡点及特征值

均衡点	λ_1	λ_2	λ_3
$E_1(0,0,0)$	$G - C + C_G^N - C_G^P$	$-C_H^P + C_H^N + L_N$	$-L_S - L_T + R_T - C_T$
$E_2(1,0,0)$	$-G + C - C_G^N + C_G^P$	$G + N - C - C_H^P + C_G^N + L_H$	$-L_T + R_T - C_T$
$E_3(0,1,0)$	$C_G^N - C_G^P$	$C_H^P - C_H^N - L_N$	$-L_S + R_T - C_T$
$E_4(0,0,1)$	$G - C + C_G^N - C_G^P$	$-C_H^P + C_H^N + L_N$	$L_S + L_T - R_T + C_T$
$E_5(1,,0)$	$-C_G^N + C_G^P$	$-G - N + C + C_H^P - C_G^N - L_H$	$U + R + R_T - C_T$
$E_6(1,0,1)$	$-G + C - C_G^N + C_G^P$	$Q + P + G + N - C - C_H^P + C_G^N + L_H$	$L_T - R_T + C_T$
$E_7(0,1,1)$	$K - R + C_G^N - C_G^P$	$C_H^P - C_H^N - L_N$	$L_S - R_T + C_T$
$E_8(1,1,1)$	$-K + R - C_G^N + C_G^P$	$-Q - P - G - N + C + C_H^P - C_G^N - L_H$	$-U - R - R_T + C_T$

　　本节基于地方政府、高校和人才的三方主体演化博弈模型,通过路径分析和策略稳定性分析,深入探讨了各方之间的互动关系,得出了系统理想状态下稳定发展的条件。具体来说,地方政府、高校和人才三方的策略选择不仅影响个体收益和成本,还通过复杂的相互作用决定了整体系统的动态演化路径。

　　首先,通过路径分析,地方政府积极的财政支出能够为高校提供更多资源支持,进而提升高校学术和科研竞争力。高校在获取资金后,若能有效利用这些资源,将增强其吸引人才的能力。而人才的加入不仅可以进一步提高高校的学术水平,还能为区域经济带来长期的潜在收益。因此,地方政府、高校和人才之间形成了一个正向反馈的循环路径:地方政府增加财政支持→高校提高吸引力→人才涌入→区域经济增长→地方政府获得更多发展动力,形成了系统理想状态。

　　其次,通过策略稳定性分析,得出各方策略达到稳定均衡的条件。地方政府在持续增加财政支出并且高校有效利用这些资源的情况下,可以实现系统的长期稳定发展;高校通过提升学术声誉和科研实力来吸引人才,也能够达到与地方政府和人才的合作共赢;人才则在高校具备良好资源和发展前景的前提下,更倾向于选择加入。此时,三方的策略选择趋向于一个稳定的纳什均衡,即任何一方都没有动机单方面改变自己的策略,因为任何改变都会导致个体和整体系统的收益下降。同时,本部分分析也表明,如果任一方未能在博弈过程中做出积极的策略选择,整个系统将失去稳定性。例如,如果地方政府减少财政支出,或者高校未能充分利用资源,亦或是人才流向其他地区,系统可能进入一个负反馈循环,导致区域发展滞后、人才外流以及经济损失。

因此,系统理想状态的稳定发展条件可以概括为:地方政府持续增加财政支持,高校积极优化资源配置,人才选择加入高校并推动区域发展。只有在这三个条件同时满足的情况下,系统才能实现持续的稳定和增长。

第二节 高等教育财政支出对人才吸引力的系统动力学分析

一、系统分析与模型构建

(一)模型介绍与适应性

在对高等教育财政支出对人才吸引力的作用机制的研究中,系统动力模拟模型(SD 模型)适用性主要通过数据要求、路径归纳、反馈处理、预测功能几个方面体现出来。首先,系统动力学在模型构建过程中关注点主要聚焦于对变量间关系的表述,因此相比于传统计量经济学模型,其对数据的要求较低。而探究高等教育支出与人才吸引的相关数据庞大繁杂,数据在处理时具有一定难度,且部分数据无法获取,因此从操作性来看,系统动力学建模具有一定的优势①。其次,本研究的核心之一在于探究高等教育财政支出发挥效能的基本途径。通过系统动力学建模,采用整体视角,以展现各关键指标间通过变量关系而展开的作用流

---

① 王其藩. 系统动力学理论与方法的新进展[J]. 系统工程理论方法应用,1995(02):6-12.

程。此外,考虑到各类变量对多元主体内部及其相互间产生的错综复杂影响,以及由此形成的多样反馈,系统动力学建模方法能够妥善处理多重反馈行为,并综合多重反馈效应得出最终结论。同时,高等教育财政支出的作用机制是一个持续调整与优化的动态过程。因此,依据现有研究成果预测未来发展趋势显得尤为重要。系统动力学模型不仅能够展示特定时间框架内的发展动向,也能够进行长期仿真实验,能够通过调整不同关键变量,深入探究其对系统整体趋势变动的具体影响,从而为后续的优化建议提供有力依据。基于此,系统动力学模拟模型充分具备了满足本研究所需条件的能力[①]。

(二)系统分析

根据演化博弈的结论以及基于系统动力学原理,本研究建构高等教育财政投入影响高校竞争力系统,主要由高等教育财政投入子系统、经济子系统、高校竞争力子系统3大子系统构成,各子系统的要素相互关联,子系统间相互影响、相互作用。

1. 高等教育财政投入子系统。聚焦于高等教育财政投入的规模、力度、变化趋势以及资源分配的合理性问题。从系统构建与研究视角出发,高等教育财政投入受到多重因素的制约,包括学生总数、每位学生平均教育经费、教职员工数量及平均薪资标准等;高等教育财政投入在整体教育财政分配中的比例,彰显了对其投入的努力程度;而高等教育财政投入相对于财政收入的弹性变化,则反映了其投入的调整幅度;此外,研发经费在高等教育财政投入中所占的比重,是衡量资源配置是否合理的重要指标。优化资源配置不仅能促进高校产出的增长,还能有效吸引并留住人才,从而进一步增强高校的综合竞争力[②]。

2. 经济子系统。聚焦于探讨经济发展因素如何塑造高校竞争力。关键变量涵盖人均国内生产总值(GDP)、城镇化进程、政府财政支出模式、固定资产投资

① 刘晓凤,谭辉.基于系统动力学的高等教育财政投入影响高校竞争力模拟仿真研究[J].教育财会研究,2021,32(06):16 – 27.
② 李海杰,王晨曦.高质量发展背景下我国体育产业结构优化的逻辑、机理与策略[J].山东体育学院学报,2021,37(06):101 – 112.

规模以及经济活动人口基数等。从研究架构与系统模型构建的角度出发,经济体系可通过调整财政支出结构、制定并实施高等教育相关政策、以及增强对高等教育的投资力度等策略,直接作用于高校竞争力的提升。同时,经济体系还借助调控固定资产投资规模、优化经济政策导向等手段,间接影响高等教育财政投入的子系统,通过调节高等教育资源的流动与配置强度,进一步对高校竞争力产生深远影响。

3.高校竞争力子系统。聚焦于高等教育财政投入、经济发展水平一定的情况下,高校竞争力的变化对其他系统的影响。在高校竞争力系统中,研发经费、科研论文数量、专著数量、专利申请授权数量、技术转让收入等为水平变量,生师比、研究生人数占比、副教授教授占比、研发人员全时当量、纵向研发经费、高校固定资产存量、社会声望、非学术影响等为辅助变量,高校数量为常量。分析高校竞争力子系统对高等教育财政投入、经济发展子系统的影响。

(三)系统反馈回路

模型含有多个反馈回路,如下:

反馈回路1:高等教育财政投入→＋经济发展→＋研发经费→＋科研成果→＋高校竞争力→＋高等教育财政投入。

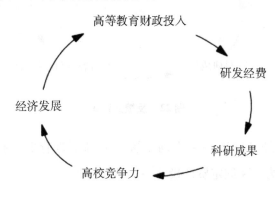

图20　反馈回路1

反馈回路2:高等教育财政投入→＋高层次人才→＋经济活动人口数量→＋经济发展→＋高等教育财政投入。

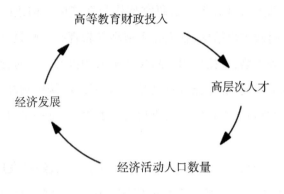

图21 反馈回路2

反馈回路3:经济发展→＋财政支出→＋高等教育财政投入→＋科研成果→＋技术转让收入→＋经济发展。

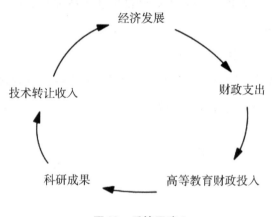

图22 反馈回路3

反馈回路4:经济发展→＋人均工资→＋高等教育财政投入→＋科研成果→＋高校竞争力→＋固定资产投资→＋经济发展。

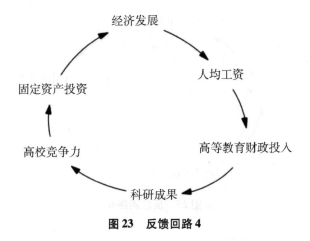

图 23　反馈回路 4

反馈回路 5：高校竞争力→＋科研成果→＋经济发展→＋高等教育财政投入→＋高层次人才→＋高校竞争力。

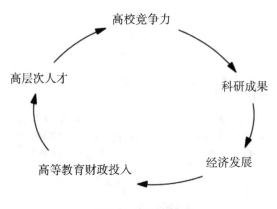

图 24　反馈回路 5

反馈回路 6：高校竞争力→＋高等教育财政投入→＋人均收入→＋经济发展→＋研发经费→＋高校竞争力。

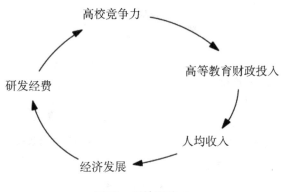

图 25　反馈回路 6

（四）系统的因果回路图

在明晰系统边界与变量间反馈关系的基础上,构建高等教育财政投入与人才吸引力的因果关系图,如下图 26 所示:

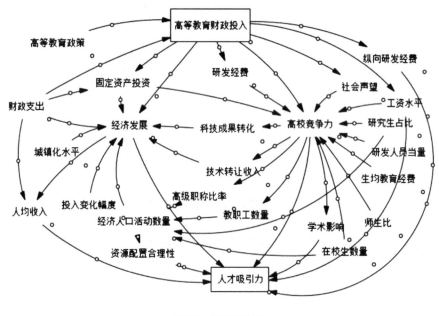

图 26　因果回路图

二、系统动力学的模拟仿真

（一）系统动力学的基本流量入树法

常规的系统动力学建模方法,主要是以因果关系图所直观呈现的正负反馈回路以及子系统的划分为基础,直接构建存量流量图并建立方程模型。该种方式具备了对反馈行为进行定量化融合处理的传统优势,但在用于反馈较多的复杂社会系统建立时,无论是在循环反馈关系的构造还是系统整合方面,都容易出现中间过程解释不清、模型调试困难或系统最终形态呈现混乱的情况,在一定程度上可能会对最终研究结果造成干扰。为更好的构造并分析主线作用流程和完整系统,本研究主要运用流率基本入树建模法。该方法依照的还原论有关思想,在动态系统反馈结构分析中引入图论中生成树理论,将子系统划分过程中的主观性进行了一定程度的弱化,主要以研究目的为基础,每个子系统中需包含流位、流率、辅助变量,抓取基本流率变量,通过以流率变量为根的树模型进行因果关系表示,最终利用嵌运算进行系统整合,构建完整系统的存量流量图。

流率基本入树建模法规定,若 $T \in t$,一个动态有向图 $T(t) = (V(t), X(t))$ 中,存在一个点 $v(t) \in V(t)$,使 $T(t)$ 中任何一点 $u(t) \in V(t)$,有且仅有一条 $u(t)$ 至 $V(t)$ 的有向道路,则此有向图 $T(t)$ 称为一棵入树,且 $v(t)$ 称为树根,满足入度 $d^-(u(t)) = 0$ 的 $u(t)$ 称为树尾,从树根至树尾的一条有向道路称为一根树枝。

在系统动力学存量流量图中,以流率为根、流位为树尾的入树 $T(t)$ 称为流率入树。流率入树 $T(t)$ 中含流位的个数称为入树的阶数,从树尾沿着一枝至树根所含流位的个数称为这枝的枝阶长度。流率入树的最大枝阶长度称为该入树的阶长度。各枝阶长度为 1 的流率入树称为基本流率入树。

流率基本入树建模法的基本步骤包括以下三步:

1. 立足于整体性视角,对研究对象进行系统性分析,建立流位流率系为:

$$\{[L_1(t), R_1(t)], [L_2(t), R_2(t)], \cdots, [L_n(t), R_n(t)]\}$$

2. 建立以流率变量 $R_i(t)$ 为根,以流位变量 $L_i(t)$ 为尾的,且流位变量直接通过辅助变量控制流率变量的流率基本入树,得到流率基本入树模型。

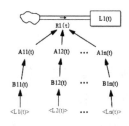 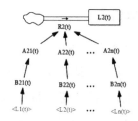 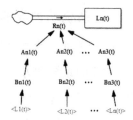

图27 流率基本入树模型

3. 对构建的多个基本入树模型 $T_1(t), T_2(t), \cdots, T_n(t)$ 作嵌运算,即将各入树模型的重叠点及重叠连线进行合并,整合系统得到完整存量流量图。

系统动力学建模关注模型结构和变量间的相互关系,对参数调试的灵活性较高,模型中参数的设定依据主要源于统计年鉴、政府公报、已有研究所得到的基础数据,以及实地调研、专家打分所获取的相关资料,在此基础上进行参数预设,并结合核心指标变量的历史数据,对模型参数进行反向调试,以建立起与真实情况具有较高拟合度,更具实际应用价值的系统模型。

(二)系统动力学仿真设定

本研究以天津市为例,运用 Vensim 软件展开进行模拟仿真,模型运行时间周期为 2010—2030 年,2010—2020 年为模型检验期,2020—2030 年为仿真预测期。数据源于 2010—2021 年的《天津统计年鉴》《天津教育经费统计年鉴》《天津科技统计年鉴》《中国教育年鉴》、全国教育经费执行情况统计公告等,采用的是面板数据。运用表函数处理模型中变量的非线性关系,经由线性回归确定线性关系变量的参数,并把有些变量设置为固定值。通过对建构的模型进行检验,以确认模型能否精准模拟高等教育财政投入对高校竞争力影响的复杂过程,并对构建的系统动力学模型展开系统结构检验与历史性检验。

(三)运行检验

运用 Vensim 软件对高等教育财政投入对人才吸引力的系统动力学流图进行结构检验。本研究以天津市高级人才数量(正副高人数)作为人才吸引力的指标。模型明确核心变量为内生变量,模型通过结构性检验,运用 VENSIM PLE ×

32 中 Check Model 功能对模型结构进行检验,结果显示"Model is OK",运用 Units Check 对量纲进行一致性检验,结果无错误。说明利用软件所构建出的该模型通过结构检验,认为模型系统结构合理,能够进行进一步的运行及仿真分析。

（四）历史性检验

考虑到数据的典型性和可获取性,以高等教育财政投入的总体规模、具有高级职称的教职员工数量、每位学生平均享有的高等教育经费、国内生产总值（GDP）、固定资产投资总额、高校的研发经费支出、高校发表的科研论文数量、研发人员的全职等效工作时间、高校的技术转让所得收入以及高校的专利申请与授权数量等变量进行仿真模拟验证。并对这些变量的仿真结果与历史数据进行对比,以进行历史性验证,从而评估系统水平变量的准确性。将预测结果与真实值进行比较,若变量误差小于10%,则认为模型有效性较好,检验结果最大误差率在5%上下浮动,预测结果与实际值较为接近,表明参数设置合理,预测具有一定现实意义。

（五）模拟结果

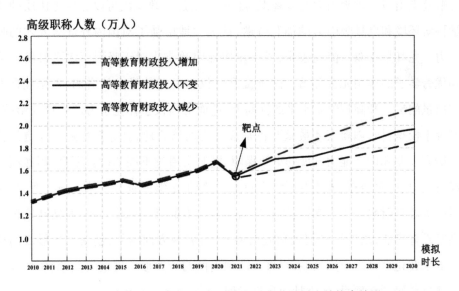

图28　高等教育财政不同投入水平下人才吸引力的仿真结果

　　基于以上系统动力学模型,以 2021 年作为靶点进行实验,选择三种干预策略,即情景一:高等教育财政投入增加 10%;情景二:高等教育财政投入不变;情景三:高等教育财政投入减少 10%。结合已有研究及实践经验对相关参数进行设置,实现对变量的量化表示。模型仿真时间跨度为 2010—2030 年,模拟基期年为 2020 年,模拟步长 1 年。分别对三种情景的相关参数浮动 10%进行干预实验,考察样本时间跨度内天津市高级职称人数当量的数据变化。结果如图 28 所示,当模拟在 2021 年时给出三种不同策略时,代表人才吸引力的高级职称人数发生显著的变化,表明对于天津市而言,高等教育财政投入对于人才吸引力的影响是十分显著的。

第三节　小　结

　　第一,财政支出与人才吸引力的正向关系。系统动力学模型揭示了高等教育财政支出对人才吸引力的显著正向影响。增加财政支出可以提供更优质的教学科研环境和更具吸引力的福利待遇,这极大地增强了对国内外优秀人才的吸引力。尤其是在双一流高校中,进一步增加财政支出对于吸引高水平科研人员和优秀学子的作用尤为显著。这种提升不仅表现在数量上的增加,更体现在人才质量的提升和高校学术水平的提高上,进而对高校整体竞争力产生重要影响。高等学校是科研创新人才最重要也是最密集的培养地,高等教育财政经费是科学研究事业和创新能力发展的重要保障,同时也通过不同的拨款项目,例如项目经费支出、科研经费、人才专项经费的拨款,给予足够的资金支持。一方面,政府对高等教育财政的大力支持,培养带动越来越多的科技创新人才,回到高校投入高等教育事业,培养科研创新和应用型人才;另一方面,科技创新人才形成的科技成果转化带来的应用效益,也将反馈到当前的产业形成规模效益,继而加大力度扶持科研创新项目,实现社会良性发展。

　　第二,财政支出对区域经济的长期推动作用。在系统动力学模型中,高等教育财政投入与高校竞争力间的关系并不是简单的单向关联,高等教育的财政支出不仅影响高校自身的发展,还对区域经济产生深远影响。高等教育经费间接影响经济发展水平,从高考后学校的选择上,考生无一例外会选择自己可报条件最优渥、教学质量最好的高校接受教育,那这类高校一般在经济发展较好的地区坐落,就我国来说,在东部地区教育资源较为聚集,西部东北部高等教育资源相对较分散,导致有较大潜力成为人才的学生,流向教育资源较为充沛的地区。通过当地高校人才培养,高质量人力资源在毕业选择就业地点的问题上,由于在接受高等教育期间,适应了高校所在地城市的生活和经济发展速度,不仅在接受当地就业信息方面较为便捷,而且更多考虑到眼界经历的不断变化,人脉资源的储备上,更多高校毕业生留在受高等教育地区作为择业地域范围选择。高等院校不仅承担了教学、科研和社会服务三大基本职能,更重要的是为社会培养高质量适应经济社会发展的人才,进而高校毕业生选择留在本地区工作发展,为本城市留下更充足的人才资源。仿真结果显示,充足的财政支持通过提高高校的人才吸引力,带动区域创新能力和产业升级,从而促进区域经济的持续增长。长期来看,财政支出不仅是教育投资,更是推动区域经济发展的重要动力。

第三,动态平衡与资源配置优化的重要性。通过仿真研究可以发现,高等教育财政支出的效用并非线性递增,而是存在一个动态平衡点。在某一阶段,继续增加财政支出可能面临边际效益递减的问题。因此,合理配置和优化资源使用显得尤为重要。仿真研究可以帮助政策制定者识别这一平衡点,并设计出最优的支出策略,确保财政资源能够最大程度地发挥效用。不同的财政支出组合策略对人才吸引力的影响存在差异。单纯增加硬件设施或固定资产的投入,虽然对高校竞争力有所帮助,但对于人才吸引力的直接效果并不显著。相反,增加用于人才引进、科研经费和创新项目的财政支出,能够有效吸引更多高质量的科研人员和学生,进而内生推动高校整体竞争力的提升。仿真研究还表明,政策干预(如增加财政支出或引入人才激励措施)在短期内可能并不会立刻显现出明显效果,但从长期来看,这些政策能显著提升高校的竞争力和人才吸引力。系统动力学模型可以通过长期仿真,展示政策效果的积累过程和最终影响,从而为政策制定者提供长期决策的支持。

第七章 高等教育财政支出
对提升人才吸引力的优化路径与对策

第一节 高等教育财政支出供给策略

一、优化公共服务供给量

首先,改善和建设高质量的教育资源、实验室、图书馆等基础设施,提升基础设施建设,为学生提供更好的学习和研究条件,吸引国内外优秀人才。通过对现有高校基础设施进行定期评估,适时对老化或不适应现代需求的设施进行升级改造或新建。同时,引入国际先进的教学与研究设施,提升校园环境的国际竞争力。如,我国各大学积极与世界各地的教育机构签订国际交流合作协议,通过签订合作协议,高校在教学、科研、人才培养等方面开展深度合作,为我国教育事业发展提供国际化的视野和经验;其次,吸引和培养高水平的教师队伍,提高教学质量,从而增强高等教育的吸引力。通过加大教师引进力度,特别关注具有国际视野和研究能力的学者;同时,提供持续的师资培训和发展机会,鼓励教师开展创新性教学和科研活动,形成高质量的教育生态。实施精细化管理,优化教育资源的分配,确保资源能够高效支持教学和科研活动,提高整体教育质量。通过建立科学的资源配置体系,根据不同学科和学院的实际需求,合理分配财政资源。引入绩效评价机制,对资源使用效果进行定期评估,及时调整资源配置策略,确保资源效益最大化。如,西南大学加强国际合作,促进教育科研交流,通过与世界各地的高校、研究机构联合开展国际科研项目,涉及教育科技、人工智能、生态环保等多个领域,为我国教育事业发展提供了新的科技支撑;最后,加强与国内外高校、研究机构的合作,拓宽国际视野,提升高等教育的国际影响力,增强对国际人才的吸引力。通过设立专项基金支持国际交流项目,鼓励师生参与国际会议、学术交流和联合研究。建立国际化的合作平台,吸引国际顶尖学者来华工作和研究,同时鼓励学生出国留学和交流,培养具有全球视野的高端人才。

在提升基础设施方面,通过深入调研国际一流大学的学科布局和发展方向,有针对性地优化本校的学科结构。突出学科交叉与综合,鼓励跨学科研究和创新,培养学生综合素质和创新能力。并从国内外招聘高水平的教授和研究人员,提供良好的工作环境和发展机会,鼓励教师开展高水平科研和教学工作。建立起激励机制,激发教师的创新潜能和工作积极性,吸引更多高水平人才加入到国内的大学教师队伍中。同时,投资于现代化的教学楼、实验室、图书馆和宿舍等硬件设施,确保学生和教职工有一个舒适、安全、高效的学习和工作环境。最后与国际知名大学和研究机构建立合作关系,共同开展科研项目,共享资源,提升学校的国际科研水平和影响力。通过国际合作项目和学生交换计划,培养学生的国际视野和跨文化沟通能力,为他们将来在全球化的世界中工作和生活做好准备。

在提高教师的教学和科研水平方面,师资培训是提升教师教学和科研水平的关键途径。通过培训,教师可以更新知识储备,提高自身综合素质,拓宽教育视野,增强教育工作能力。此外,教师培训还有助于促进教师之间的交流与合作,形成良好的团队氛围,进一步加强师资队伍的凝聚力和合作能力。师资培训的内容通常包括教育理论、科研方法、课题研究、论文撰写等方面,注重理论与实践相结合。培训方法则包括线上与线下相结合的方式,如讲座、研讨、案例分析等多样化形式。通过专家引领、教研科研双提升等方式,全面提升教师教学能力和科研水平。

二、建立健全人才社会保障

首先,构建薪酬制度与福利体系。高等教育机构在构建科学合理的薪酬制度和福利体系时,应当与政策制定部门紧密合作,设立专门的薪酬福利委员会,定期进行市场调研,以确保薪酬标准与行业平均水平保持同步,福利项目全面覆盖。同时,鼓励机构创新和个性化福利设计,以吸引和激励不同类型的优秀人才。如我国一流高校经过上一轮薪酬体系改革,大部分实行了校内岗位绩效津贴制度,有相当数量的高校在薪酬方式多样化方面进行了富有成效的探索。在制定高层次人才薪酬方案时,能够根据市场因素、行业特点、人才个性化需求等方面的实际情况,制定个性化协议薪酬体系。

其次,在医疗保险服务提供方面。高等教育机构应与专业保险公司合作,提供包括基本医疗保险、重大疾病保险和意外伤害保险在内的全面医疗保险服务,减轻人才因健康问题导致的经济负担,提升其工作生活品质。同时,推广健康管理与体检服务,为员工定期提供免费或优惠的健康检查,促进早期预防和疾病管理。如近年来,吉林省省直医保门诊、住院医疗保障水平不断提高,为了让吉林大学1.7万余教职员工能够享受到更便捷、更高效的医疗保障服务,吉林省医保局将医保服务进驻到吉林大学,进一步拓展吉大师生服务中心的服务范围,真正把医保服务送到家门口,解决教职员工后顾之忧,筑牢吉大教职员工健康的坚实防线。

再次,在为人才提供教育资源支持方面。为人才子女提供优质教育资源,高等教育机构可通过设立教育发展基金,与政府、企业、社会团体等多方合作,为员工提供学费减免、奖学金、教育咨询服务等支持。与优质教育资源对接,如与国际学校合作,为员工子女提供国际化的教育环境,提升教育质量。如东北师范大学虽然对引进人才学术水平要求很高,但是其薪资也很高,最高可达 90 万元,最为关键的是会为其子女提供全国顶尖的教育资源,人才子女可以到东北师范大学的附属小学和附属中学就读,提供从幼儿园到中学,有效解决子女教育问题。

最后,在职业发展培训与学术交流方面。高等教育机构应为人才提供丰富的职业发展培训、学术交流和继续教育机会,帮助他们提升专业技能和知识水平,适应行业变革和发展需求。与行业领先企业、研究机构建立合作关系,开设专业培训课程、学术研讨会、行业讲座等活动,为员工提供定期学习和交流的平台。如一些工程技术见长的大学与多家企业共建实验室,为师生提供了实战经验的培训和学术交流机会。定期举办学术研讨会和技术展览,促进了学术界和工业界的互动,加速了技术创新和知识转移的过程。

三、推动人才空间协调发展

首先,实施差异化资源配置,支持高等教育资源向中西部、东北等地区倾斜,促进这些地区高等教育事业的快速发展,缩小区域间教育发展差距。开展对高等教育资源需求的精准调研,识别资源匮乏地区的发展瓶颈。设立定向支持基金,包括但不限于教育基础设施建设、师资引进与培训、科研项目支持等,以增强这些地区高等教育机构的综合实力。与地方政府合作,共同制定和实施支持政策,确保资金的有效利用和可持续发展;

其次,加强区域间高等教育机构的合作,打破地域限制,实现优质教育资源的共享与互补,促进人才的自由流动和合理配置。鼓励和支持跨区域高等教育机构的校际合作,如共建共享实验室、联合培养研究生、互派教师交流等。建立跨地区高等教育资源共享平台,提供在线课程、数字资源、科研数据等,降低资源获取成本,提高使用效率。通过政策引导和支持,促进高校与地方政府、企业、研究机构等跨界合作,共同推动产学研一体化发展;

再次,优化财政支出的精准投放,支持高等教育机构建设特色优势学科,提升竞争力,增强对高端人才的吸引力。加大对基础研究和关键核心技术领域的投入,支持高等教育机构开展前沿科学研究,提升原创性成果产出能力。针对区域特色产业和战略新兴产业,提供专项支持,促进学科交叉融合,培养复合型、创新型人才。通过设立国际交流项目和合作研究基金,吸引海外高层次人才来华工作和访学,提升高等教育的国际化水平;

最后,构建从基础教育到高等教育、从学前教育到继续教育的多层次、多元化人才发展体系,满足不同阶段人才的成长需求,促进人才在不同区域间的合理流动。加强基础教育与高等教育的衔接,为学生提供多种升学渠道,支持创新人才培养。发展继续教育和终身教育,建立灵活多样的学习路径,满足在职人员提升技能、转换职业的需求。通过设立专项奖学金、实习实训项目等,支持人才在不同区域间流动,促进教育资源的合理配置与高效利用。如江苏省吴江区通过设立人才基金,建立了"人才+项目+基金"的全链条创新体系,探索出了"基金引才"的新模式,通过市场化设立运作人才基金,撬动社会资本助推"双招双引",为人才企业进行系统性、战略性投资,以资本的力量赋能吴江建设科学创新高地,推动传统产业结构优化升级;湖南省通过建立高等教育资源配置优化模型,提出实施策略与政策建议,促进资源配置的合理化、高效化。例如,通过政府性融资担保机构作用,对超出"人才贷"额度范围,且有技术、有市场的人才企业项目提供"人才贷"服务,提高贷款增信和融资能力。

四、制定人才分类管理策略

首先,高等教育机构应根据人才的学术水平、职业发展阶段、专业领域等因素,构建多层次、多维度的人才分类体系。例如,将人才分为学术型人才、应用型人才、创业型人才等类别,以及初级、中级、高级等不同发展阶段,确保财政支出能够精准对接各类人才的需求。针对不同类别的人才,应制定差异化的薪酬激励机制。对学术型人才,可以设立高水平的科研启动经费、项目资助、学术奖励等,以促进高水平的学术研究和创新。对应用型和创业型人才,则应提供充足的实践机会、创业资金、税收优惠等支持,鼓励其将理论知识转化为实践成果,推动技术成果转化和创新创业活动;

其次,除了薪酬激励外,财政支出还应支持构建多元化的福利保障体系,以增强人才的归属感和满意度。例如,提供健康保险、子女教育资助、家庭支持服务等,帮助解决人才及其家庭的生活后顾之忧。这对于吸引和留住高层次人才尤为重要;此外,针对学术型人才,应增加科研基金、实验室建设、学术交流与国际合作等财政投入,为其提供良好的科研条件和国际交流平台,促进学术创新和学科发展。同时,优化学术评价体系,确保资源向产出显著、贡献突出的学者倾斜,营造公平、公正的学术氛围。同时,鼓励高等教育机构与企业、研究机构等建立紧密合作关系,通过设立联合实验室、共建研发中心、成果转化基金等方式,促进人才培养与社会需求的有效对接。财政支出应支持这类合作项目,为应用型和创业型人才提供实践平台,加速科技成果的转化和应用。

最后,针对教师队伍,应制定灵活多样的聘用与评价机制,支持人才的终身学习和个人发展。财政支出可以用于提供终身教育经费、专业发展培训、灵活的工作模式等,鼓励教师不断更新知识、提升技能,同时促进教学与科研的协同创新。如,教育部关于在《高等学校"高层次创造性人才计划"实施方案》中提出,要在重大建设和科研项目经费中划出一定份额用于人才开发,以支持学术型人才的发展;浙江大学积极探索和建立适应研究型大学特点和要求的各类人才评价体系,按照"人尽其才,才尽其用"的原则,建立分层次、分类别的人事管理和考核晋升制度,对教学科研人员实行分类管理,充分调动和发挥广大教学科研人员的积极性、能动性和创造性;河南省引导部分普通本科高校向应用型转变的文件中提到,要推动高校把办学思路真正转到服务地方经济社会发展上来,转到产教融合、校企合作上来,转到培养应用型、技术技能型人才上来。

第二节　高质量人才管理策略

一、提供高质量人才生活保障

首先,构建高层次人才住房保障体系。针对高层次人才,高校应构建全面、灵活的住房保障体系。包括提供专属的住房补贴、优惠购房政策等多样化住房选择。同时,为了满足人才的多样化需求,应与地方政府合作,开设专门的人才公寓,提供交通便利、环境优美的居住环境。此外,针对海外人才,高校应提供合理的过渡性住房支持,如短期租赁服务,帮助其快速适应新环境,降低生活成本;其次,完善人才健康和教育保障。人才的身心健康是其创造性和创新能力的基础。因此,高等教育机构应提供全面的健康保障计划,包括定期体检、心理健康咨询、紧急医疗援助等服务。同时,为人才子女提供优质的教育资源,包括设立专门的国际学校或合作开设国际课程,确保其子女能够接受到高质量的教育,解除人才家庭后顾之忧;其次,增强人才社交与文化生活服务。人才的社交与文化生活对他们的心理健康和幸福感有着重要影响。高等教育机构应建立完善的社交服务平台,如定期举办学术研讨会、文化交流活动,促进人才之间的交流与合作。同时,提供丰富的文化活动,如音乐会、艺术展览、体育赛事等,丰富人才的业余生活,增强其归属感和认同感;最后,提供个性化关怀与支持服务。针对不同人才的特殊需求,高等教育机构应提供个性化关怀与支持服务。包括专业心理咨询、职业规划指导、个人财务管理咨询等,帮助人才解决生活中的各种问题,提高他们的生活质量和满意度。此外,为海外人才提供语言培训、文化适应指导等服务,帮助其快速融入新环境,更好地发挥个人潜力。

如,深圳经济特区通过实施《深圳经济特区人才工作条例》,为人才提供全方位支持,特别是在人才住房方面打破了束缚人才发展的条条框框。深圳市共安排筹建保障性住房和人才住房40万套,其中人才住房30万套,以此来解决人才的住房问题;宁夏宁东基地党工委启动了首批人才公寓项目,为辖区各类人才提供住宿生活保障;江苏南京、苏州、常州等地针对大学毕业生和新市民的不同阶段面临的居住问题,形成了苏青驿站、长租公寓、人才社区、租房补贴、购房优惠等一体化服务体系,满足了青年群体的一体化需求;贵安新区积极兑现新引进人才安家费、企业引才薪酬补贴、人才生活津贴、人才购房补贴等各类资金,并通过建立人才公寓等方式,为人才提供住房保障。

二、促进高质量人才事业发展

首先,设立专项基金支持创新项目与研究。高校应设立专项基金,重点支持前沿科技、交叉学科、人文社科等领域的创新项目与研究。通过提供充足的资金支持,鼓励教师与学生开展高水平、有深度的科研活动。同时,建立项目评审机制,确保资金投向最有可能产出创新成果的项目,提升科研项目的成功率和影响力;其次,建立开放合作平台,促进跨学科交流。高校应当构建集理论研究、技术开发、产业转化于一体的开放合作平台,促进不同学科、不同机构之间的交流合作。通过举办国际学术会议、研讨会、工作坊等形式,加强与国内外高校、研究机构及企业的合作,拓宽研究视野,加速科研成果的转化应用;其次,提供丰富的培训与继续教育机会。高校应为教师和研究人员提供定期的培训与继续教育机会,帮助他们掌握最新的科研方法、教育技术及教学理念。同时,鼓励和支持教师参加国际交流项目,提升国际化视野,促进跨文化合作与沟通;最后,搭建资源共享平台,促进科研资源高效利用。构建线上线下的科研资源共享平台,打破地域限制,实现科研资源的跨机构、跨领域共享。通过平台,提供科研设备共享、数据资源流通、学术成果发布等服务,降低科研成本,提高资源利用效率,促进科研创新的跨界融合。

绍兴市柯桥区设立了专项基金,通过提供资金支持,鼓励教师和学生开展高水平、有深度的科研活动。例如,通过"赛"为媒,聚集天下英才,举办了多届海创大赛,吸引了大量优质项目和人才。辽宁对外经贸学院构建了"1＋N"制度体系,通过优化资源配置,促进了科研创新;上海国家会计学院通过案例教学,分享了医院人才战略与人力资源管理的实践,强调了战略性绩效与薪酬管理的重要性;贵州大学牵头申报的国家重点研发计划专项获得国家支持经费 1500 万元,用于支持农作物病虫害综合治理技术研发,促进农业科技创新。

三、完善高质量人才环境支持

首先,构建多元化的科研合作网络。财政支出应支持高等教育机构与国内外顶尖科研机构、企业、行业协会等建立合作伙伴关系,促进学术交流、科研合作和资源共享。以举办国际学术会议、设立联合实验室、共同承担重大项目等方式,为人才提供国际合作与交流平台,增强其学术视野和创新能力,同时吸引国际顶尖人才的加入；其次，建立灵活的国际人才引进与评价机制。财政支出应优先用于构建国际化的引才政策体系，如设立国际人才引进基金、提供安家补贴、简化工作签证流程等。再次，构建公平竞争与合作的环境。通过设立公开透明的选拔和评聘机制，确保人才晋升和项目参与机会的公平性，提高人才对高等教育机构的信任度和满意度。鼓励跨学科、跨机构的合作与交流，为人才提供多样化的合作平台，促进知识共享和创新成果的产出，增强人才的团队合作能力和跨领域创新能力。最后，加强心理健康与福祉支持。考虑到人才在高强度工作和竞争压力下的心理健康问题，财政支出应投入于提供专业心理健康服务、建立员工关怀计划、开展压力管理培训等，为人才提供全面的情感支持和福祉保障，帮助他们保持良好的工作生活平衡。

如，山东省科创通过与齐鲁工业大学共建现代产业学院，培养适应产业发展需求的人才，并与省属国有企业、行业龙头企业共建新型研发机构，打造产学研深度融合模式；北部湾深圳国际人才飞地通过链接深圳全球性优质创新资源，补齐北部湾人才、技术、项目、资本短板，实现异地研发、异地用才的柔性引才机制；粤港澳大湾区通过加强竞争政策的基础性地位，创造公平竞争的制度环境，使市场在资源配置中起决定性作用，促进经济高质量发展。

四、健全高质量人才激励机制

首先，建立综合评价体系。构建以人才贡献、创新能力和学术成果为导向的评价体系，确保评价结果公平公正，准确反映人才的实际能力和贡献。评价体系应涵盖教学、科研、社会服务等方面，对不同类型的高等教育人才提供全面的评估，以促进其全面发展；其次，鼓励学校和机构根据自身特色和需求，制定个性化人才评价方案，使得评价更为精细和贴近实际工作。这不仅能够提升人才的满意度，还能激发其工作积极性，形成良好的竞争与合作氛围；再次，实施多元化激励政策。引入绩效薪酬制度，根据人才的工作成绩和贡献度，提供相应级别的薪酬晋升和奖励，以物质激励促进人才的积极性和创造性。构建以绩效为基础的奖励机制，设立专项奖励基金，对在教学、科研、社会服务等方面取得显著成绩的人才给予表彰和奖励,包括但不限于学科竞赛、科研项目、教学成果等,以精神激励提升人才的荣誉感和归属感;最后,建立以实际贡献为导向的人才评价体系,打破传统的学历、职称等单一评价标准,着重评价人才的创新成果、社会影响力和国际化背景。通过灵活的政策和机制,吸引全球顶尖人才。

如,江西省高校在人才激励机制方面进行了多项尝试和探索,通过设立科研奖励、教学成果奖等方式,激发教职工的科研和教学热情。同时,通过提供职业发展路径规划和多样化的福利政策,增强了教职工的归属感和满意度;2016 年11 月,安徽省印发了《关于创新高校院所工资分配激励机制有关政策的通知》,明确指出"建立符合高校院所特点的岗位绩效工资制度和鼓励创新创造的分配激励机制,充分调动创新人才的积极性和创造性",要求"探索绩效工资总量控制的情况下,允许高校院所按照规范的程序和要求进行自主分配,自主决定本单位绩效工资分配形式和办法,不受绩效工资结构比例等限制"。从政策层面对建立符合高校院所特点、鼓励创新创造的工资分配激励机制扫清了障碍。

第八章 结论与建议

第一节 结 论

自改革开放以来,我国人才政策的演变历程伴随国家发展战略不断深化、调整和完善。旨在吸引、培养、使用和留住高素质人才,以推动经济社会的持续健康发展。从探索起步到全面创新治理,人才政策经历了四个阶段:1978 至 1984年的探索起步阶段,重点在于确认知识分子地位、恢复高考制度,并奠定人才队伍建设基础;1985 至 2000 年的确立与发展阶段,科技与教育体制改革深入,职称聘任制促进人才流动,同时重视高层次青年科技人才培养;2001 至 2012 年的深入推进阶段,实施人才强国战略,深化人才培养机制,加大海外人才吸引力度;2013 年至今的全面创新治理阶段,全面深化改革,创新人才评价体制机制,加强技能人才培育。我国直辖市作为经济、文化和政治中心,其人才政策对全国具有示范引领作用。直辖市的人才政策数量与时俱进,紧跟中央政策趋势,注重"走出去,引进来",将人才视为推动社会进步和经济发展的关键。基于政策工具通过对各直辖市人才政策的分析发现:在 X 维度上,供给型政策工具相对不足,需求型政策工具占比也不足,而环境型政策工具使用过于频繁。在 Y 维度上,人才政策极度重视人才保障条款,其次是人才激励、人才质量与人才聚集,而对人才规模的关注极少。在 Z 维度上,人才政策主要以低力度与中低力度为主,中高力度占比较少。在政策工具的选择上,针对不同的人才政策目标(人才质量、人才规模、人才激励、人才保障、人才聚集),政策制定者倾向于使用不同类型的政策工具,体现了灵活性和针对性。直辖市人才政策的创新与实践不仅促进了自身发展,也为全国其他地区提供了借鉴,为我国人才事业的全面发展作出了积极贡献。既反映了政府在推动经济发展和社会进步中的角色,也展示了在人才政策制定和执行方面,如何有效利用不同政策工具以实现多重政策目标。

在高等教育财政支出方面,我国经历了三个主要阶段的发展模式。从"基数 + 发展"模式到"综合定额 + 专项补助"模式,再到当前的"基本支出预算 + 项目支出预算"模式,每个阶段都有其特点和问题。当前的模式在保障高校支出透明度和加强行政部门对财务的控制方面取得了显著成效。然而,与世界教育强国相比,我国高等教育财政投入仍有差距,且当前面临 4% 红线的压力。其与我国财政收入占 GDP 比例长期低于世界平均水平的现状密切相关。尽管如此,我国仍在不断努力增加教育投入,以实现教育优先发展的目标。首先,从高等教育支出情况来看,我国高等教育经费支出在国家财政支出中占据重要地位,并呈增长趋势。政府不断加大对高等教育的支持力度,其得益于经济发展、政府重视教育以及人口结构变化带来的教育资源需求增加。同时,我国建立了完善的学生资助体系,以保障学生不因家庭经济困难而失学。然而,地方高等教育财政支出存在显著地域差异,这主要源于区域经济发展水平和经费来源渠道的不同。其次,在高校人才现状方面,我国人才资源总量居全球首位,高校在人才培养和集聚方面发挥着不可替代的作用。我国劳动年龄人口中大学文化程度人口众多,研发人员数量居世界首位。高校专任教师数量和质量均有提升,众多高层次人才来自高校。然而,我国在全球人才竞争力指数中的排名仍有待提高,尤其是在人才吸引力和留存方面。地方高校人才状况也呈现出一定的地域差异,这受到多种因素的影响,包括教育政策调整、经济发展水平、人口结构变化等。最后,以天津市为例,高等教育财政支出在教育事业发展上投入显著,但波动上升趋势与GDP 增长不完全同步。天津积极出台多项人才政策吸引人才,但部分人员认为高等教育财政支出与教育发展不匹配。影响人才吸引力的因素包括收入水平、子女教育、个人发展机会等。在地方人才吸引力方面,天津的人才队伍相对稳定,但高校人才政策宣传推广还有空间。通过矩阵分析和专家访谈发现,教育资源对人才吸引力至关重要,高等教育财政支出与地方人才吸引力存在紧密联系。

通过对 2012—2021 年省级面板数据的深入分析,发现地方高等教育财政支出与人才吸引力之间的显著正相关关系。研究表明,高等教育财政支出的增加能够显著提升地方人才的吸引力。在华东、西北和华北地区,高等教育财政支出对人才吸引力的正面影响尤为显著。其通过增加教育投入,能够有效改善教学设施,以招聘和培训高质量的教师,提供先进的教学材料和技术,从而提高教育质量,吸引更多优秀学生。此外,财政投入的增加还扩大了高等教育的覆盖范围,为不同背景的学生提供了更多的教育机会,特别是那些来自低收入家庭的学生。同时,人才吸引力对高等教育财政支出也产生了积极的反馈效应。高质量的教育机构能够吸引更多优秀学生和教师,提高教育声誉,进而吸引更多的财政投入,形成良性循环。高等教育培养的人才能够推动经济发展和社会进步,增加税收,为政府提供更多的财政收入,从而进一步促进教育质量的提升和人才吸引力的增强。然而,值得注意的是,东北地区的高等教育财政支出对人才吸引力的影响并不显著。其与该地区的经济发展相对滞后、自然环境和人文环境不够优越以及产业化结构单一等因素有关。东北地区的高校虽然底蕴深厚,但由于历史原因和资金来源的限制,在吸引和保留人才方面面临一定困难。此外,用人单位的人才福利缺乏吸引力、人才个人因素等也是影响地方人才吸引力的关键因素。

分析高等教育财政支出对提升人才吸引力的内在逻辑与演化机制后发现,系统动力学模型清晰地揭示了高等教育财政支出对人才吸引力具有显著的正向推动作用。财政支出的增加能够为教学和科研提供更加优越的环境,并带来更具吸引力的福利待遇。值得注意的是,高等教育财政投入与高校竞争力之间的关系并非简单的单向关联,财政支出的增加不仅对高校自身的发展产生积极影响,还对区域经济产生深远的推动作用。仿真结果进一步显示,充足的财政支持能够有效提升高校的人才吸引力,进而带动区域创新能力的提升和产业的升级,最终促进区域经济的持续增长。从长期来看,高等教育财政支出不仅是一种教育投资,更是推动区域经济发展的重要引擎。

第二节　建　议

综上所述,为进一步改善我国高等教育财政支出的供给策略与高质量人才的管理策略,建议如下:在高等教育财政支出供给策略方面,(1)应优化公共服务供给量。主要涉及基础设施建设、教师队伍优化、资源管理精细化及国际交流与合作等内容。首先,通过改善并建设高质量的教育基础设施,如实验室、图书馆,提供现代化的学习环境,吸引国内外优秀人才。其次,加强师资队伍建设,通过引进国际学者,提供师资培训,以提高教学质量。同时,实施科学的资源配置,确保资源高效支持教学与科研。最后,拓展国际视野,通过国际合作项目、国际交流、吸引国际顶尖学者,以及鼓励师生参与国际活动,提升高等教育的国际影响力。

(2)建立健全人才社会保障。包括构建科学的薪酬福利体系、提供全面的医疗保险服务、支持人才子女的教育发展、以及促进职业发展和学术交流等四个方面。首先,在薪酬福利体系上,通过与政策部门合作,设立薪酬福利委员会,确保薪酬与市场水平保持同步,同时鼓励个性化福利设计,满足不同类型人才的需求。其次,与保险机构合作,提供全面的医疗保险服务,减轻人才因健康问题产生的经济压力。再者,在教育资源支持方面,高等教育机构设立教育发展基金,为员工子女提供从幼儿园到中学的顶尖教育。最后,提供丰富的职业发展培训、学术交流和继续教育机会,助力人才提升专业技能,适应行业变革,促进知识创新与转移。

(3)推动人才空间协调发展。首先,实施差异化资源配置,针对中西部、东北等地区提供定向支持,通过设立基金和与地方政府合作,加强教育基础设施建设、提升地区的高等教育水平,缩小区域间教育差距。其次,通过加强区域间高等教育合作,促进优质教育资源的共享与互补,鼓励跨区域的校际合作与资源平台建设,以此推动人才流动和资源利用的效率。再次,优化财政支出,支持高等教育机构构建特色学科,增强竞争力,吸引高端人才。最后,构建多层次、多元化的教育体系,从基础教育到继续教育,满足不同阶段人才的个性化需求,促进人才在不同区域间的合理流动,优化教育资源配置。

(4)制定人才分类管理策略。为了构建更加精准、多元、灵活的人才激励与支持体系,高等教育机构应建立一套基于人才分类和职业发展阶段的多层次、多维度分类体系,根据不同类型和阶段的人才需求,设计差异化的薪酬激励机制。同时,还需构建多元化的福利保障体系,减轻人才及其家庭的生活负担,增强其在机构的归属感和满意度。对于学术型人才,应着重投入科研基金、实验室建设、学术交流与国际合作等,为其提供良好的研究环境和国际视野。此外,也要优化科研评价体系,确保资源向贡献突出的学术人才倾斜。对于应用型和创业型人才,应提供实践机会、创业资金、税收优惠等,促进理论知识与实践的结合,推动技术转化和创新创业。最后,针对教师队伍,应制定灵活多样的聘用与评价机制,支持教师的终身学习和个人发展,鼓励教学与科研的协同创新。

在高质量人才管理方面:(1)提供高质量人才生活保障。为了吸引和留住高层次人才,高等教育机构应构建多层次的住房保障体系,为他们提供专属的住房补贴、优惠购房政策、人才公寓以及过渡性住房支持。同时,注重人才的身心健康,为他们提供全面的健康保障计划,并为其子女提供优质的教育资源,确保家庭教育无忧。此外,机构应建立完善的社交服务平台和丰富的文化活动,以增强人才的归属感和认同感。为了更好地支持人才,高等教育机构还应提供个性化关怀与服务,同时还应提供语言培训和文化适应指导,帮助海外人才快速适应新环境。

(2)促进高质量人才事业发展。为了激发创新活力并支持学术研究,高等教育机构应设立专项基金以资助前沿科技、交叉学科及人文社科领域的创新项目和研究。同时构建开放合作平台,促进跨学科、跨机构交流与合作,加强与国内外研究机构、企业的协作,加速科研成果的转化应用。此外,提供丰富多样的培训与继续教育机会,帮助教师掌握最新科研方法和教育理念,鼓励参与国际交流,提升国际化视野和跨文化合作能力。最后,搭建资源共享平台,促进科研资源的高效利用与跨机构、跨领域的共享,通过提供科研设备共享、数据资源流通等服务,降低科研成本,提高资源利用效率,促进科研创新的跨界融合。

(3)完善高质量人才环境支持。为了推动高等教育机构的科研创新与人才培养,应构建多元化的科研合作网络,通过财政支持与国内外顶尖机构、企业和行业协会建立合作关系,为人才提供国际合作平台与资源,同时吸引国际顶尖人才。建立灵活的国际人才引进体系,提供优惠政策与服务,构建公平竞争与合作环境,确保机会的透明性和公正性,鼓励跨学科合作,促进知识共享和创新。此外,还应加强对人才心理健康与福祉的投入,提供专业心理支持、员工关怀计划等,帮助人才维持良好的工作生活平衡,充分调动其创新潜力和团队协作能力。

(4)健全高质量人才激励机制。为了有效激励并评价高等教育人才,应构建一个综合评价体系,以人才的实际贡献、创新能力及学术成果为核心,全面评价教学、科研和社会服务等方面的表现,以促进其全面发展。同时,鼓励学校和机构根据自身特色和需求,制定个性化人才评价方案,提升人才满意度和积极性,形成良好的竞争与合作氛围。实施多元化激励政策,引入与绩效挂钩的薪酬体系,设置专项奖励基金,表彰在教学、科研和社会服务上表现突出的个人,通过物质和精神激励增强人才的荣誉感和归属感。最后,建立以实际贡献为导向的评价体系,重视人才的创新成果、社会影响力和国际化背景,采用灵活的政策和机制吸引全球顶尖人才。

参考文献

[1]北京市教育委员会,北京高等教育学会教材工作研究会编.构建高等教育教材建设体系,提高高等教育教学与人才培养质量 北京高校教材建设研究文集[M].中国人民大学出版社:2015.11.647.

[2]陈杰.地方高水平大学与高等教育强省建设[M].浙江大学出版社:2017.11.237.

[3]陈园园.改革开放以来中国高等教育发展研究[M].浙江大学出版社:2021.03.309.

[4]高飞.质量文化视野下高水平应用型本科院校发展路径研究[M].浙江大学出版社:2021.02.161.

[5]郭庆旺,贾俊雪.中国地方政府规模和结构优化研究[M].中国人民大学出版社:2012.03.39

[6]李立国,崔盛,吴秋翔.中国高等教育公平新进展[M].中国人民大学出版社:2018.10.208.

[7]李永宁.高等教育绩效拨款国际经验与我国改革研究[M].南京大学出版社:2016.12.240.

[8]姜丽伟,孙照辉.中国高等教育发展改革研究[M].新华出版社:2014.03.211.

[9]贾俊雪.中国财政分权、地方政府行为与经济增长[M].中国人民大学出

版社:2015.03.467.

[10]康宁.中国高等教育资源配置转型程度的趋势研究[M].南京大学出版社:2020.01.633.

[11]马培培.高等教育规模扩张与精英教育发展[M].南京大学出版社:2020.12.192.

[12]毛军权,李明.张江国家自主创新示范区人才资源发展与政策创新研究[M].复旦大学出版社:2020.09.252.

[13]宋凯琳.高校教师科研绩效影响机制及政策优化研究[M].江苏人民出版社:2022.05.300.

[14]孙玉霞.公共经济学视阈的财税改革问题探究[M].光明日报出版社:2016.06.211.

[15]唐晓玲.高等教育竞争力提升的政策与实践[M].重庆大学出版社:2021.03.331.

[16]王强.纳什均衡点的随机搜索问题研究[D].东南大学,2017.

[17]武雷.高等教育成本管理理论与实务[M].北京:中国人民大学出版社:2016.04.275.

[18]许林.我国民族高等教育财政投入研究[M].世界图书出版公司:2014.05.179.

[19]亚当·斯密.国民财富的性质和原因的研究[M].北京:商务印书馆.1988.

[20]闫娜.科技创新人才培养及实证研究[M].新华出版社:2018.05.264.

[21]张嗣瀛.微分对策[M].北京:科学出版社,1987.

[22]张维迎.博弈论与信息经济学[M].上海:人民出版社,1996.

[23]张淑君.高职院校继续教育发展研究[M].光明日报出版社:2013.09.231.

[24]张祥伟.中国高等教育拨款制度研究[M].北京:中国政法大学出版社:2020.09.242.

[25]张学洪,解庆林,王赣华,等.学习贯彻十八大精神·推动高等教育科学发展[M].光明日报出版社:2014.04.350.

[26] A. Cournot. Researches into the Mathematical Principle of the Theory of Wealth[M]. London:Macmillan Company,1883.

[27] Blankenau W,Simpson N B. Public Education Expenditures and Growth [J]. Journal of Development Economics,2004,73(2):583 - 605.

[28] Bloom D E,Finlay J E. Demographic Change and Economic Growth in Asia [J]. Asian Economic Policy Review,2009,4(1).

[29] Charnes A,Cooper W W,Rhodes E. Measuring the efficiency of decision making units[J]. European Journal of Operational Research,1978,2(6):429 - 444.

[30] Cinnirella F,Streb J. The role of human capital and innovation in economic development:evidence from post-Malthusian Prussia[J]. Journal of Economic Growth, 2017,22(2):1 - 35.

[31] Clemens J,Gottlieb J D. Do Physicians' Financial Incentives Affect Medical Treatment and Patient Health? [J]. Social Science Electronic Publishing,2014,104 (4):1320.

[32] Daron Acemoglu,Melissa Dell. Productivity differences between and within countries[J]. American Economic Journal:Macroeconomics,2010,2(1):169 - 188.

[33] Ener F. R&D policies,endogenous growth and scale effects[J]. Journal of Economic Dynamics and Control,2008,32(12):3895 - 3916.

[34] Eric,Margolis. TheMcDonaldizationofHigherEducation(review)[J]. Journal of Higher Education,2004.

[35] Elkington S,Irons A. Formative Assessment and Feedback in Post-Digital Learning Environments:Disciplinary Case Studies in Higher Education[M]. Taylor & Francis:2024 - 11 - 05.

[36] Florida R,Mellander C,Stolarick K. Inside the black box of regional development human capital,the creative class and tolerance[J]. Social Science Electronic

Publishing,2008,8(5):615 –649.

[37]Hart R. The timing of taxes on CO2 emissions when technological change is endogenous[J]. Journal of Environmental Economics and Management,2008,55(2):194 –212.

[38]Howitt P,Aghion P. Capital Accumulation and Innovation as Complementary Factors in Long-Run Growth [J]. Journal of Economic Growth, 1998, 3 (2):111 –130.

[39]Jarso J F. The Media and the Anti-Corruption Crusade in Kenya:Weighing the Achievements,Challenges,and Prospects[J]. Social Science Electronic Publishing,2012,26.

[40]Julia M. Translating Student Diversity Within the German Higher Education System:How Universities Respond to the Political Discourse on Widening Participation [M]. Budrich Academic Press:2024 – 11 – 11.

[41]Kemnitz A,Wigger B U. Growth and Social Security:The Role of Human Capital[J]. CSEF Working Papers,2000,16(4):673 –683.

[42]Lusardi A,Mitchell O S. The Economic Importance of Financial Literacy:Theory and Evidence[J]. Journal of Economic Literature,2014,52(1):5.

[43]Mincer J,Mincer R J. Schooling,Experience and Earnings,National Bureau of Economic Research[J]. 1974.

[44]N. E. Theory of Games and Economic Behavior[J]. princeton university press princeton n j,1944,26(1 –2):131 –141.

[45]Romer M,Romer P M. Endogenous Technological Change[J]. Nber Working Papers,1989,98(98):71 –102.

[46]Shay,Suellen. Conceptualizing curriculum differentiation in higher education:a sociology of knowledge point of view[J]. British Journal of Sociology of Education,2013,34(4):563 –582.

[47]Sullivan J J,Meurk C,Whaley K J,et al. Restoring native ecosystems in ur-

ban Auckland:urban soils,isolation,and weeds as impediments to forest establishment [J]. New Zealand Journal of Ecology,2009,33(1).

[48]Tiebout,Charles M. A Pure Theory of Local Expenditures[J]. Journal of Political Economy,1956,64(5):416－424.

[49]Vaizey J,Schultz T W. Investment in Human Capital[J]. Economic Journal,1972,82(326):787.

[50]Voyvoda E,Yeldan E. Public policy and growth in Canada:An applied endogenous growth model with human and knowledge capital accumulation[J]. Economic Modelling,2015,50(NOV.):298－309.

[51]陈洲.地区人才吸引力、教育财政支出与高校本地生源占比[D].湘潭大学,2017.

[52]方慧琳.高等教育财政支出对全要素生产率的影响研究[D].南京财经大学,2023.

[53]耿士藜.我国二线城市人才吸引力评价与比较研究[D].北京大学,2011.

[54]官雪梅.高等教育资源配置与城市人才吸引力关系研究[D].河北经贸大学,2022.

[55]林笑夷.教育防返贫实践体系及优化策略研究[D].西南大学,2023.

[56]刘彦龙.财政性教育支出的经济增长质量效应研究[D].中南财经政法大学,2021.

[57]隆佩.人才吸引力影响因素的实证研究[D].上海财经大学,2022.

[58]杨光.长三角地区人才吸引力的现状分析及提升机制研究[D].桂林理工大学,2013.

[59]杨家林.北京市人才聚集力评价研究[D].北京:首都经济贸易大学,2016.

[60]杨进敏.云南省普通高等教育财政性教育经费投入变化研究[D].云南:云南农业大学,2023.

[61][113]杨恺琳.高质量发展背景下地方高等教育财政支出与区域人才吸引力研究[D].天津:天津财经大学,2022.

[62]银琴.中国高等教育财政支出对经济增长的影响研究[D].云南:云南财经大学,2021.

[63]赵璐.城市人才吸引力评价研究[D].安徽:安徽建筑大学,2023.

[64]郑绍.柑橘产业集群化发展战略的研究[D].湖北工业大学,2016.

[65]白永秀,任保平.区域经济理论的演化及其发展趋势[J].经济评论,2007,(01):124-130.

[66]鲍威.未完成的转型普及化阶段首都高等教育的人才培养与学生发展[J].北京大学教育评论,2010,8(01):27-44+189.

[67]柴瑜.吸引人才留住人才浅谈科技型企业人力资源管理创新[J].中国建材,2006,(09):69-72.

[68]钞小静,沈坤荣.城乡收入差距、劳动力质量与中国经济增长[J].经济研究,2014,49(06):30-43.

[69]陈秀莲.泛珠三角国际旅游产业结构实证分析——基于次区域理论和灰色关联度的探讨[J].国际经贸探索,2007(07):39-43.

[70]陈振明,张敏.国内政策工具研究新进展:1998—2016[J].江苏行政学院学报,2017,(06):109-116.

[71]程燕林,李晓轩,宋邱惠.高科技人才吸引和稳定的职场舒适物策略[J].科学学研究,2021,39(10):1803-1811.

[72]崔少泽,邱华昕,王苏桐.城市人才吸引力评价模型研究以深圳市为例[J].科研管理,2021,42(07):60-67.

[73]丁煌,卫劲华.博弈论在政策执行研究中的应用:研究回顾与前景展望[J].政治学研究,2024,(01):140-152+308.

[74]丁厉.财政支出绩效评价存在问题的完善建议以高等教育为例[J].商业时代,2014,(32):103-104.

[75]董志华.人力资本对我国经济增长影响的统计检验[J].统计与决策,

2017,(23):137-140.

　　[76]杜育红.人力资本理论:演变过程与未来发展[J].北京大学教育评论,2020,(01):90-100.

　　[77]方超.公共教育财政投入、家庭教育支出与义务教育阶段学生认知能力发展[J].国家教育行政学院学报,2021,(08):25-34.

　　[78]范子英,高跃光.财政扶贫资金管理、支出激励与人力资本提升[J].财政研究,2019,(03):14-29.

　　[79]傅勇,张晏.中国式分权与财政支出结构偏向:为增长而竞争的代价[J].管理世界,2007,(3):4-12+22

　　[80]高良.教育投入与经济增长关系的实证分析[J].农村经济与科技,2019,30(01):132+173.

　　[81]高萍.教育区域差距与教育财政支出的完善[J].理论前沿,2006,(20):29-30.

　　[82]郭立强.高校国际学术人才吸引策略研究[J].科学管理研究,2019,37(06):124-130.

　　[83]黄海刚,曲越.中国高端人才政策的生成逻辑与战略转型:1978—2017[J].华中师范大学学报(人文社会科学版),2018,57(04):181-192.

　　[84]胡伟华,任和,王康.西部地区人才竞争力时空演变分析[J].地域研究与开发,2023,42(05):22-27+41.

　　[85]匡小平,李辉.我国高等职业教育财政投入效率评价[J].职业技术教育,2024,45(07):50-57.

　　[86]李峰,王珊.高水平研究型大学促进人才高地建设的机制、路径与对策[J].国家教育行政学院学报,2023,(02):71-79.

　　[87]李俊生.适应市场经济需要调整我国教育财政支出的范围与结构[J].中央财政金融学院学报,1993,(07):42-45.

　　[88]李玲.我国教育经费支出效益的实证分析[J].河北经贸大学学报,2001,(02):8-15.

[89]李敏,张婷婷,雷育胜.人力资本异质性对产业结构升级影响的研究"人才大战"引发的思考[J].工业技术经济,2019,38(11):107-114.

[90]李彤,邵思祺.高等教育财政支出的绩效研究综述[J].财会月刊,2013,(22):114-115.

[91]李小克,郑小三.高等教育财政支出影响因素研究基于2000—2009年中部六省的面板数据[J].教育发展研究,2012,32(11):7-13.

[92]李晓园,吉宏,舒晓村.中国人才竞争力指标体系构建[J].中国人力资源开发,2004,(7):83-85.

[93]李永春,刘天子.人力资本理论的发展及其公共教育政策的呈现[J].教育与经济,2022,38(3):73-80.

[94]李振宇,彭从兵,袁连生.省际地方普通高校教育经费支出结构差异[J].高等教育研究,2015,36(12):30-36.

[95]梁茂信,任慈."交流"之外:当代美国吸引国际留学生的多重用意与问题[J].史学月刊,2023,(09):83-100.

[96]宁甜甜,张再生.基于政策工具视角的我国人才政策分析[J].中国行政管理,2014,(4):82-86.

[97]刘红梅.人才定义的演变与发展[J].教育教学论坛.2019,(38):66-67.

[98]刘国新,冯淑华,赵光辉.中部区域人才竞争力评价[J].统计与决策,2005,(2):47-48.

[99]刘国永.高等教育财政支出绩效评价指标设计原理、方法及运用[J].教育与经济,2007,(03):30-35.

[100]刘华,鄢圣.财政性教育投入对人力资本形成的实证分析[J].财贸经济,2004,(9):65-67.

[101]刘曙光,杨晓昕.产业营销与采购视角下新经济地理学区域创新政策研究[J].经济问题探索,2017,(05):70-77.

[102]刘旭阳,金牛.城市"抢人大战"政策再定位聚焦青年流动人才的分析

[J].中国青年研究,2019,(09):47-53.

[103]刘阳.大学如何吸引和培育高层次科技人才[J].中国高校科技,2018,(03):32-33.

[104]马万里.中国式财政分权:一个扩展的分析框架[J].当代财经,2015,(3):24-33

[105]梅雯.薪酬对企业吸引人才的重要性[J].人口与经济,2011,(S1):34-35.

[106]廖开锐.浅谈高等教育财政支出绩效评价指标体系的构建及应用[J].教育财会研究,2011,22(04):18-20+24.

[107]彭纪生,孙文祥,仲为国.中国技术创新政策演变与绩效实证研究(1978—2006)[J].科研管理,2008,(04):134-150.

[108]冉景亮,成浩源.人才生态视角下城市人才吸引力提升组态路径研究基于模糊集定性比较分析方法[J].重庆大学学报:社会科学版,2023,29(1):151-164.

[109]商海岩,刘清源.教育支出、人力资本积累与区域科技创新[J].山东财经大学学报,2019,31(04):76-86.

[110]孙贵平,郑博阳,商丽浩."双一流"大学何以吸引人才?来自模糊集定性比较分析的证据[J].高教探索,2021,(12):30-38.

[111]孙久文,叶裕民,林勇."全国区域经济学学科发展研讨会"综述[J].教学与研究,2003,(01):76-78.

[112]孙淑军.辽宁省教育人力资本与经济增长的动态关系研究基于VEC模型的实证研究[J].沈阳工程学院学报(社会科学版),2017,13(04):488-492.

[113]唐果.改善地方政府吸引海外人才政策效果之因子分析[J].科技与经济,2013,26(03):91-95.

[114]田海嵩,张再生,刘明瑶,等.发达国家吸引高层次人才政策及其对天津的借鉴研究[J].科技进步与对策,2012,29(20):142-145.

[115]田浩然,李清煜.人才是会"流失"还是"集聚"中西部地区高等教育规

模影响科技人才集聚的实证分析[J].重庆高等教育研究,2022,(10):92 - 105.

[116]汪栋,殷宗贤.高等教育财政支出如何挤入城乡居民消费? 基于城镇化发展的中介效应分析[J].教育与经济,2022,38(05):81 - 88.

[117]王蓉,杨建芳.中国地方政府教育财政支出行为实证研究[J].北京大学学报(哲学社会科学版),2008,(04):128 - 137.

[118]王春超,叶蓓.城市如何吸引高技能人才? 基于教育制度改革的视角[J].经济研究,2021,56(06):191 - 208.

[119]王尧骏,廖中举.海外高层次人才创业政策体系:文本分析与优化建议[J].中国人力资源开发,2019,36(08):60 - 68.

[120]我国支持科技创新主要税费优惠政策指引吸引和培育人才优惠[J].财务与会计,2024,(08):87 - 88.

[121]魏浩,耿园.高端国际人才跨国流动的动因研究兼论中国吸引高端国际人才的战略[J].世界经济与政治论坛,2019,(01):121 - 146.

[122]吴爱军.吸引海外留学人才回国创业难点与出路[J].中国人才,2009,(21):28 - 29.

[123]夏怡然,陆铭.城市间的"孟母三迁"公共服务影响劳动力流向的经验研究.管理世界,2015,(10):78 - 90.

[124]熊名奇,颜汉军.地方财政教育支出与经济增长的关系研究以广东省为例[J].当代经济,2014,(14):126 - 128.

[125]徐俊武,易祥瑞.增加公共教育支出能够缓解"二代"现象吗? 基于CHNS的代际收入流动性分析[J].财经研究,2014,40(11):17 - 28.

[126]许盛.高等教育财政支出绩效评价问题初探[J].教育财会研究,2006,(02):21 - 23.

[127]姚慧芹.政府财政性教育支出对经济增长的影响[J].现代经济信息,2014,(24):285 - 286.

[128]杨河清,陈怡安.海外高层次人才引进政策实施效果评价以中央"千人计划"为例[J].科技进步与对策,2013,(16):107 - 112.

[129]杨伊,胡俊男,谭宁.高等教育投入、人力资本结构对区域经济增长影响的外溢性研究[J].黑龙江高教研究,2021,39(09):36-44.

[130]余琼.我国吸引海外高层次人才的策略分析[J].领导科学,2009,(26):27-29.

[131]詹新宇,刘洋.增值税分成对经济发展质量的促进效应基于中国地级市面板数据的研究[J].安徽师范大学学报(人文社会科学版),2020,48(01):127-137.

[132]郑备军.我国高等教育财政支出的经济学分析[J].高等工程教育研究,2007,(02):87-91.

[133]郑旺全.美国高校如何吸引优秀人才[J].中国高等教育,2005,(07):46-47.

[134]郑永彪,高洁玉,许睢宁.世界主要发达国家吸引海外人才的政策及启示[J].科学学研究,2013,31(02):223-231.

[135]郑姝莉.制度舒适物与高新技术人才竞争基于人才吸引策略的分析[J].人文杂志,2014,(09):106-113.

[136]张长征,李怀祖.中国教育公平与经济增长质量关系实证研究:1978—2004[J].经济理论与经济管理,2005,(12):20-24.

[137]张川川,胡志成.政府信任与社会公共政策参与以基层选举投票和社会医疗保险参与为例[J].经济学动态,2016,(03):67-77.

[138]张惠琴,邓婷,曹文蕙.政策工具视角下的新时代区域人才政策效用研究[J].科技管理研究,2019,39(19):43-49.

[139]张双志,张龙鹏.教育财政支出对创业的影响[J].教育与经济,2016,(03):91-96.

[140]周桂荣,刘宁.吸引人才资源回流的经济与科技因素[J].现代财经(天津财经大学学报),2006,(02):71-75.

附录一　天津市高等教育财政支出 与人才吸引力访谈提纲

您好!

我们是天津市教育科学规划课题——高质量发展背景下高等教育财政支出与人才吸引力研究课题组,现就您对高等教育财政支出与地方性人才吸引力的情况进行访谈。您的回答对我们的后续研究极为重要,请您根据您的真实情况予以回答,答案无对错之分。感谢您能够在百忙之中接受我们的访谈。

高等教育财政支出与人才吸引力研究课题组
2023 年 10 月

(1)您认为影响地方人才吸引力的主要原因有哪些?

(2)您认为高等教育支出与地方人才吸引力之间存在着怎样的关系?

(3)您认为如何通过高等教育财政支出提高地方人才吸引力?

(4)您认为天津市是通过哪些渠道吸引人才来津发展的?

(5)您认为天津市相较于国内其他地区,对人才吸引力的优势在哪?

(6)您认为吸引人才来津发展还需要考虑哪些因素?

附录二　人才吸引力调查问卷

您好!

为深入了解财政支出与人才吸引力之间的关系,构建科学规范、运行有效的人才发展体系,现就地方人才吸引力有关情况进行测评。请您根据您的真实情况予以选择,答案无对错之分。您填写的所有信息仅作为支持调查研究的内部材料,我们将严格保密。感谢您的大力支持!

高等教育财政支出与人才吸引力研究课题组
2024 年 8 月

一、基本信息

1.您的性别:（　　　）

  A.男　　　　　　　　B.女

2.您的年龄:（　　　）

  A.30 岁以下　　　　B.30—39 岁　　　　C.40—49 岁　　　　D.50—59 岁

  E.60 岁及以上

3.您的职称:（　　　）

  A.助教(初级)　　　B.讲师(中级)　　　C.副教授(副高)　　D.教授(正高)

  E.未评聘

4.您的最高学历:（　　　）

  A.专科　　　　　　B.本科　　　　　　C.硕士研究生　　　D.博士研究生

5.您的教龄:（　　　）

  A.1 年以下　　　　B.1—5 年　　　　　C.6—10 年　　　　D.11—15 年

  E.16—20 年　　　　F.21 年以上

6.您的学科属于:（　　　）

  A.哲学　　　　　　B.经济学　　　　　C.法学　　　　　　D.教育学

  E.文学　　　　　　F.历史学　　　　　G.理学　　　　　　H.工学

  I.农学　　　　　　J.医学　　　　　　K.军事学　　　　　L.管理学

  M.艺术学　　　　　N.交叉学科

7.您当前所在城市:＿＿＿＿＿＿＿＿＿＿。

二、高等教育财政支出调查

1.您是否关注过您所在省(市)对高等教育财政支出情况?（　　　）

  A.关注过　　　　　　　　　　B.未关注过

2.您认为高等教育财政支出与教育发展是否相匹配?（　　　）

  A.匹配　　　　　　　　　　　B.不匹配

3. 您认为高等教育财政专项支出重点应该投放在( )(单选)。

    A. 学科专业建设   B. 平台建设   C. 团队资助   D. 人才补贴

    E. 科研保障   F. 教师培训

4. 您认为高等教育财政支出存在的主要问题( )(限选3项)。

    A. 教育财政支出投入不足

    B. 财政绩效考核流于形式,评价结果作用发挥不大

    C. 教育财政支出结构不合理,青睐于硬件设施,对人的投入少

    D. 拨付使用资金时间较短,容易形成突击消费

    E. 报销程序烦琐,流程长,环节多

    F. 项目前期规划少,易受领导意志影响

    G. 多头管理,无法形成统一意见

    H. 监管不到位,缺少过程管理

5. 您认为所在城市财政资金支持人才的力度对人才吸引力效果如何( )

    A. 非常有效   B. 有效   C. 一般   D. 无效

    E. 非常无效

6. 您认为政府提供的住房补贴或解决方案非常有助于您在某地生活和工作( )。

    A. 非常认同   B. 认同   C. 一般   D. 不认同

    E. 非常不认同

三、地方人才吸引力调查

1. 您选择到某地工作,下面哪些因素会影响您的决策? ( )(限选5项)

    A. 收入水平   B. 消费水平   C. 商品房价格   D. 医疗服务

    E. 子女教育   F. 个人发展机会   G. 交通条件   H. 餐饮服务

    I. 文化氛围   J. 创新氛围   K. 经济发展水平   L. 生态环境

    M. 其他(简要填写)

2. 若您选择留在某地工作, 最需要政府提供哪些支持? (　　　) (限选 3 项)

A. 创业政策与资金　　　　　　　B. 创新政策与载体

C. 子女升学与就业　　　　　　　D. 配偶安置

E. 租房与购房补贴　　　　　　　F. 医疗服务

G. 技能培训　　　　　　　　　　H. 人才公寓

I. 职业规划　　　　　　　　　　J. 税收优惠

K. 购车指标　　　　　　　　　　L. 其他 (简要填写)

3. 您认为影响人才来新单位的主要因素是(　　　) (限选 3 项)

A. 所在单位发展空间　　　　　　B. 地区吸引力

C. 必要的工作条件和经费　　　　D. 领导重视程度

E. 国外交流机会　　　　　　　　F. 平台与机遇

G. 政府公共服务　　　　　　　　H. 分配与激励机制

I. 人才引进后的继续培养　　　　J. 工资待遇

K. 配偶编制　　　　　　　　　　L. 其他 (简要填写)

4. 您对当前的工作生活是否满意(　　　)。

A. 非常满意　　　B. 满意　　　　　　C. 一般　　　　　　D. 不满意

E. 非常不满意

5. 您当前有调动到其他地方的想法吗? (　　　)。

A. 有　　　　　　B. 没有　　　　　　C. 不确定

6. 目前您通过哪种途径获知当地人才引进政策(　　　)。 (可多选)

A. 官网　　　　　　　　　　　　B. 微信公众号

C. 新闻官方媒体　　　　　　　　D. 官方内部消息

E. 宣传广告　　　　　　　　　　F. 朋友介绍

G. 其他 (简要填写)

7. 您是否了解当前高校人才项目及政策(　　　)。

A. 非常了解　　　B. 了解　　　　　　C. 一般　　　　　　D. 不了解

E. 非常不了解

8.您认为人才项目评选应更关注哪个方面( )。(单选)

A.科研成果　　　B.获奖　　　　　C.社会服务　　　D.成果转化

E.学术地位　　　E.人才培养效果

9.人才流动吸引因素

题项	重要性(1—10 为从小到大)									
	①	②	③	④	⑤	⑥	⑦	⑧	⑨	⑩
您认为地区经济发展状况与发展水平对您前往(留在)该地区的吸引力大小										
您认为单位给予的收入水平对您前往(留在)该地区的吸引力大小										
您认为房价水平的高低对您前往(留在)该地区的吸引力大小										
您认为科学研究支持平台对您前往(留在)该地区的吸引力大小										
您认为充分的国际交流机会对您前往(留在)该地区的吸引力大小										
您认为地区公共卫生资源对您前往(留在)该地区的吸引力大小										
您认为地区创新氛围对您前往(留在)该地区的吸引力大小										
您认为地区人均 GDP 对于您前往(留在)该地区发展的影响程度										
您认为地区空气质量(空气质量达标天数)对于您前往(留在)该地区的影响程度										
您认为交通便利程度对于您前往(留在)该地区发展的影响程度										

题项	重要性(1—10 为从小到大)									
	①	②	③	④	⑤	⑥	⑦	⑧	⑨	⑩
您认为地区教育资源对您前往(留在)该地区的吸引力大小										
您认为地区高等院校数对于您前往(留在)该地区发展的影响程度										
您认为当地高考录取率对于您前往(留在)该地区发展的影响程度										
您认为当地物价对于您前往(留在)该地区发展的影响程度										

10. 您对吸引人才有何建议和对策?